いまを超えていく力

新イチロー論

張本勲
Isao Harimoto

青志社

新イチロー論
いまを超えていく力

張本勲
Isao Harimoto

青志社

装丁・本文デザイン　岩瀬聡

まえがき

「ハリ、えやろ」

「ええですね」

いまから30年近く前、初めて「鈴木一朗」を見たときの、私とオリックス・ブルーウェーブ監督だった仰木彬さんとの会話である。

当時、私は現役を引退して野球評論家。親しくしていた仰木さんがオリックスの監督に就任した直後のことで、

「ええ男がおるんや。二軍から一軍上げたんや。いっぺん見てくれんかい」

そう言われ、日時を決めて私は大阪の球場に出かけたのだが、バッティング練習を一目見て、打撃センスの素晴らしさに舌を巻いたのが昨日のようだ。

このときのことは本文に詳しく記したが、「鈴木一朗」が「イチロー」として一軍登録され、レギュラーとして活躍し始めて半年ほど経って、私は仰木さんと食事する。

「仰木さん、イチローはやはりいいでしょう」

私が水を向け、

「うん、ええなあ」

と仰木さんが目を細めたとき、私はふと思って言った。

「彼は私の記録を抜くかもわかりませんよ」

直感だった。

私の通算3085安打は前人未踏と評され、そう簡単に抜ける数字ではない。その自負はもちろんあった。だが私を抜く選手が現れるとしたら、このイチローではないか。それほど彼のバッティングセンスは非凡だった。

イチローが樹立した世界記録の4257安打は日米通算記録であり、日本での記録はいまも私が保持している。このことに私はいささかの誇りを持っているが、もしイチローが大リーグに行かなかったなら記録はどうなっていただろうか。過ぎたことに「もし」を問うのは意味のないことと思いつつも、興味はつきない。

2019年3月21日深夜、急遽、開かれた引退発表の記者会見でイチローは言った。

「誰かの思いを背負うのはそれなりに重いこと。そうやって一打席一打席立つことは簡単ではないんですね。だから、凄く疲れました」

真摯《しんし》に語るイチローの言葉を聞きながら、「いまを越えていく力」という言葉が脳裏をよぎった。夢と目標を遠くに見据えつつ、イチローは「いま、いま、いま」という目前のハードルを果敢に飛び越え、偉業を成し遂げた。その秘訣は何なのか、何がイチローをそこまで駆り立てるのか、どうすればモチベーションを保ち続けられるのか。

イチローの生き方、処し方、そして野球哲学は、私たち野球人のみならず、一般社会人にとって大いなる参考になるに違いない。前著『イチロー論』は進化の過程にあるイチローを組上《そじょう》にして書いた。本書はそれに加え、引退というゴールにたどりついたイチローを全角度から分析し、大幅に加筆した。

蝶はサナギが変態して、あの美しい姿になって中空を飛ぶ。だがイチローはサナギが蝶になったのではない。最初から美しい蝶が大きく成長し、羽ばたいたのである。超一流と呼ばれるアスリートがたどる道であり、本誌を一読すれば、イチローを不世出の超一流と呼ぶ理由の本質がわかっていただけるものと確信する。

2019年4月

張本勲

目次

第3章 変化を怖れない

第4章 いまを超えていく力　109

第5章 一打一生　141

第1章

あっぱれイチロー

花道は自分で作る

イチローは幸せな男だ。

日本で開催された大リーグの公式試合に〝凱旋先発〟し、ヒットこそ打てなかったものの、その勇姿を日本のファンに披露し、数々の大記録を残して引退した。これこそスポーツ選手が夢見て叶わぬ最高の舞台ではないか。

「イチロー！　イチロー！」

大合唱が東京ドームに地鳴りのように響き、最終打席は万雷の拍手の中で終わったが、終電が迫ってもファンは席を立とうとしなかった。

イチロー自身、これには気持ちを揺さぶられ、

「やはり1本ヒットを打ちたかったし。応えたいというのは当然。僕には感情がないって思っている人がいるみたいですけど、あるんですよ。意外とあるんですよ。だから、結果残して最後を迎えたら一番いいなと思っていたんですけど、それはかなわずで。それでもああやって球場に残ってもらって、死んでもいいという気持ちはこういうことなんだろうなと。死なないですけど。そういう表現をする時ってこういう時だろうなって思います」

試合後の記者会見で心情を素直に吐露しているが、私がイチローを「幸せな男」と呼ぶのは、単に大歓声や人気のことを言うのではない。引退を報じるスポーツ紙に「ありがとうイチロー！」の文字を見たからだ。「ありがとう」は感謝であり謝辞である。称賛の言葉に包まれて引退していったプロ野球選手はこれまで何人もいるが、「ありがとう」と感謝の言葉で送られた選手は私の知る限りイチローただ一人である。この一語にこそ、イチローに対する日本国民の思いが凝縮されているのではないだろうか。

イチローは日本人野手として初めてメジャーの扉を開け、数々の記録と記憶を残してきた。日米通算４３６７安打の大記録は、野球先進国のアメリカで樹立したがゆえに、日本の誇りとして私たちは胸を張る。プロの目から見て、イチローは１００年に一人の逸材。これから先、１世紀は出てこないものと思っている。

その誇らしさが称賛を越え、「ありがとう」という感謝の言葉になったのだとしたら、プロ野球選手としてこれ以上の幸せがあるだろうか。「あっぱれ！」と同時に「ありがとう」を贈りたい。

私は思ったことをハッキリと口にする人間だ。「あっぱれ！」も「喝！」も遠慮なく言わせてもらっている。毒舌と評する人もいるが、性格的におべんちゃらや歯の浮くようなことが言えない性格なのだ。その私がイチローだけは手放しでほめてしまう。プロ野球選手として天才であるだけでなく、性格がきわめて日本人的で義理人情を大事にする。一言で言えば〝浪花節〟なのだ。オリックスに在籍したのは9年間に過ぎず、海を渡って19年を大リーグで活躍した。実績から言えばアメリカで引退発表をやってもよかった。向こうのほうがビジネスに長けているから、うんとショーアップもするだろう。マリナーズにしても、そうしたかったはずだ。

だけどイチローは日本を発表の場に選んだ。詳しくはあとで触れるが、オリックス時代、イチローの非凡さを見抜いて一軍に引き上げた仰木彬監督、そして一軍コーチ陣と対立してまでイチローの〝振り子打法〟に理解を示した河村健一郎二軍打撃コーチの二人なくして、今日のイチローはない。だから恩義を感じ、いまだに仰木監督や河村コーチを立てる。あるいはWBC（ワールド・ベースボール・クラシック）に3回も馳せ参じてくれ、他の日本人選手にも出てくるようにハッパをかけてもくれた。日本人の美徳と言うのか、イチローにはそうした古風なところがあり、それが引退の場に日本を選ばせたのだろうと、私は嬉しく思っている。

周知の通りイチローは2000年11月、日本人初のポスティングシステムによってマリナーズが1300万ドル余りで独占交渉権を獲得し、3年契約で合意。3年総額1400万ドルで正式契約した。野手として初めてのメジャーリーガーの誕生である。ハッキリ言えばイチローは〝商品〟としてオリックスに売られたのだ。約14億円はオリックスにしてみればたいへんな金額だ。むろん、そういうシステムになっている以上、オリックスが悪いわけではないのだが、〝売られたイチロー〟がこうして日本を引退の地に選んでくれたことに、私は男気を見るのだ。

人に必要な品性

イチローの引退そのものについては、すでに時間の問題になっていた。

マリナーズのジェリー・ディポートGMが、

「昨年から話し合いを続けてきた。最終的な決断は、（引退発表の）10日前に知った。既定路線だった」

と語っていることから、イチローの引退は突然、降って湧いたわけではなく、「いつ、どこで、どのように」ということについて昨年来、イチローが思いをめぐらせていたことがわかる。

イチローは引退当日の記者会見で、

「タイミングはキャンプ終盤ですね、日本に戻ってくる何日か前ですかね。終盤に入ったときです。元々、日本でプレーするところまでが契約上の予定だったということもあったんですけど、キャンプ終盤でも結果を出せずに、それを覆すことが出来なかったということですね」

と語った。

聞き流せば「そんなものか」と思ってしまうが、この言葉の持つ重みと決意がどれだけの人にわかっただろうか。

イチローは昨年5月に会長付特別補佐としてフロント入りした後、今年のキャンプで選手復帰した。二軍契約である。一軍には上がれない。マリナーズとしては興行面から日本で行われる公式戦にイチローを出場させたかったのだろう。企業論理としてそのことは理解出来るとしても、問題はイチローだ。一時代を画した超一流が二軍契約を結んだことが信じられない。私なら絶対に断る。

「冗談じゃない！　俺は東京ドームの〝人寄せパンダ〟か！」

その場で席を蹴って引退するだろう。だけどイチローはそうはしないで契約した。なぜか。お金なら有り余るほど持っている。生活のためでないことは確かだ。すでに数々の新記録を樹立しており、十分過ぎるほどの活躍をした。このまま現役を続けたのでは晩節を汚すことになりかねないことは、クレバーなイチローにわからないはずがない。わかっていて二軍にとどまったのは、二つの理由があると私は思っている。

一つは野球を愛していたこと。イチローは野球が好きで好きでたまらないのだ。楽しいという意味とは違う。打てなくなってどんなに苦しもうと、グラウンドに立っていられること自体を喜びとする。だから現役選手としていられるなら二軍でもかまわない。そう考える男なのだ。

もう一つは、かつて任天堂の日本人社長・山内溥氏がマリナーズの共同オーナーになったとき、成功するかどうかわからないにもかかわらず、イチローをオリックスから取ってくれ、何年間かお世話になったことだ。「そのマリナーズに恩返し出来るなら」と考えたのではないだろうか。いわば義理で二軍契約を結び、東京ドームで予定されている2試合のためにこの1年間を頑張ってやってきたのだと、私は思っている。

3月末にNHKテレビがイチローの密着ドキュメントを放送したが、このなかでイチローは、「迷惑」ということについて、

「自分はみんなに迷惑をかけてここまでやってこれた。これからも迷惑をかけると思うが、そのことについては、自分が出来ることでお返しをしていけばいいと思っている」

そんな意味のことをしゃべっていたが、この言葉にイチローが二軍契約を結んだことをダブらせると、何となく附に落ちてくるのではないだろうか。

イチローは日本に戻ってくる数日前に引退を決意したと語っているが、この言葉はマリナーズに対する配慮であって、実際はずっと前からすでに決めていたのではないだろうか。そう考えるだけで、日本で引退宣言をしてくれたことに、私は拍手喝采するのだ。

「去年、3月頭にマリナーズからオファーを頂いてからの、今日までの流れがあるんですけれども、あそこで終わっていても全然おかしくないですから。去年の春で終わっていてもまったくおかしくない状況でしたから。いまのこの状況は信じられないですよ」

引退記者会見でのこの発言は、「去年、現役続行の契約を結んでいなければ、日本での引退宣言は出来なかった」という意味に取れるだろう。

決断の素早さという資質

去年の5月以降、イチローは試合には出場していない。だが、練習は一番最初に球場入りし、試合が始まると室内練習場に移って黙々とやっていたという。当時、メディアはどこも報じなかったが、いま振り返れば、イチローは日本での2試合のために1年をかけて身体を作っていたことになる。

もしイチローにあれだけの〝野球愛〟がなかったなら、あの時点ですでに引退していたはずだ。これからが働き盛りの40代半ば。進むべき道はいくらでもある。球団からもらう年俸など、資産家のイチローにしてみればわずかなものだ。〝野球愛〟に加え、恩あるマリナーズの興行成功のために身体だけは作っておこうと考えたのだろう。私は生活を懸けて野球に食らいついてきたが、ここがイチローと私の違うところかもしれない。〝野球愛〟に殉じて1年という期間を過酷なトレーニングに励む。これほどに自分を律し、追い込んでいく選手を私は知らない。

イチローが野球一筋に現役生活を送れたのは、いまの家庭環境も大きく影響していると私は思っている。幸か不幸か、イチローには子供がいない。子供がいれば、男は仕事と家庭の板挟みになる。この私ですら、そうだった。日曜とか祝日は運動会や学芸会など学校行事がある。だけどシーズン中の休祭日はゲームに出ている。うちの子がまだ5、6歳のころのことだ。

「パパ、運動会にどうして来ないの？　○○ちゃんのパパも、××ちゃんのパパも来るんだって。どうしてわたしのパパだけ来ないの？」

と悲しい顔をして問いかけてきた。

これはつらかった。家族のために必死になって仕事をしていることが子供にはもちろんわからない。素朴で素直な疑問なのだ。それが不憫で、何度、心で泣いたことか。

400勝投手の金田正一さんは現役時代、幼かった娘さんに、

「わたし、パパに抱っこされたことがない」

と言われて、とても悲しい思いをしたと、私に話してくれたことがある。抱いたときに利き腕、手首、指のどこかを痛めたらどうしようという思いが先に立ち、抱っこすることが出来なかったそうだ。可愛い盛りの愛娘だ。家にいるときは1日中でも抱いていたいのが父親だろう。それを我慢する。娘はどうしてよそのお友達のように抱っこしてくれないのかと思う。

「パパの腕、ケガしたら大変だからね」

と言ってわかる年頃ではない。それがつらかったのだと言った。

この話を聞いたとき、同じように〝子供孝行〟が出来なかった自分を思い出して、思わず涙が出たものだった。

だから私は現役時代、

(引退したら、うんと家庭孝行しよう)

と思っていた。

だから可能な限り現役でいたいと願う一方で、引退後に味わう家庭の幸福を思い浮かべるようにもなる。もしイチローに子供がいたらなら、ゲームに出場出来なくなった1年前

の時点で「引退後の家庭孝行」という誘惑にかられていたのではないかと、私は体験から想像する。

ところがイチローには子供はいない。奥さんは8歳年上で、理解力もあり、道理をわきまえた姉さん女房。しかもビジネスなども手がけていると仄聞《そくぶん》する。この1年間、ゲームで出番がなくても野球に精進《しょうじん》することが出来たのは、こうした環境と決して無関係ではあるまい。環境を活かすのも才能であり、超一流選手の資質であることは言うまでもないが、イチローを見るにつけ、環境は大事だと改めて思うことである。

マリナーズのジェリー・ディポートGMがコメントしているように、イチローは昨年から引退について自問自答を繰り返してきたことだろう。引退発表するとしたら日本での公式戦であると考えていたとしても、アメリカを出発するときは「結果次第」という思いもあったはずだ。

（うまく結果が残せれば、もうちょっと現役でやれるのではないか？）

そんな期待も心の片隅にあったと思う。

私がそうだったし、他のベテラン選手を見ていても、力が落ちていくことを自分自身が認めたくないという思いがある。身体の動きが鈍くなるのは誰より自分でわかるわけで、それを冷静に見つめればいいのだが、それが出来ない。

（若い連中に比べて、体力がちょっと衰えてきたかな）

ということ自体を考えたくないのだ。

ましてイチローのように身体が動けばなおさらだろう。気持ちの糸が切れない限り、最後の最後まで現役でプレーすることにこだわり続ける。それが〝アスリートの業《ごう》〟というものだ。

ところがイチローは、思うほどのプレーが出来なくなったことを自分で判断し、悟ったのだろう。公式戦の1試合、フォアボールで交替したときに「これで終わりだな」と腹が据わり、引退の最終決断をしたものと私は思っている。覚悟が定まらず、勝負を挑んで海を渡ったはずなのに、向こうで通用しないと見るや、いつのまにか帰国してプレーしている選手もいるが、思案は長くとも、決断の素早やさと思い切りのよさは、さすがイチローである。

あの世界の王までも

東京ドームで行われた公式戦で、イチローは2試合に出場して6打数0安打。バッティングそのものはキレがなくなってきている。これは運動選手の宿命で、ベーブ・ルースだろうが、テッド・ウィリアムズだろうが、王貞治だろうが、この私にしても落合博満にしても誰もが必ずたどる道。登山道と同じで、山の高い低いはあっても、頂上に立てば、あとはどの道を選択しようと下り坂になっている。

身体のどこが衰えていくかは人による。動体視力であったり体力や瞬発力であったり、闘争心などメンタルな部分であったりする。イチローの身体能力の特徴は瞬発力。長嶋さんのようにゴムを小さく縮ませておいて「パン！」と弾くようなタイプなのだが、その瞬発力がこの1年、薄れてきたように私は見ていた。このことはイチロー自身が誰よりわかっていたと思うし、マリナーズのコーチ陣もわかっていたはずだ。

だが、あれだけの世界的な選手となれば、本人が辞めると言い出すまで周囲はそのことに触れることは出来ない。たとえば私がマリナーズのコーチで、イチローといい関係にあったとしても、

「お前さん、そろそろ辞めたらどうだい」

とは言いにくいもので、一流選手は自分で引退を決めなければならない。決断は自分との戦いで、「まだやれる」という希望と、「もう無理か」という諦観とが鬩《せめ》ぎ合い、葛藤に苦しむことになる。

だが言い換えれば、自分で引退を決められるというのは一流選手の証ということになる。

その域に達しない選手は戦力外を通告され、自分の意思と無関係に球団を去って行かなければならない。

決断は、苦しくはあるが、一流選手にだけ許された特権だろうと、自分の現役時代を振り返って思うのだ。

私は1976年に日本ハムから巨人に移籍し、1979年まで在籍した。移籍翌年に巨人はリーグ優勝。これで私を評価してくれた長嶋茂雄監督に恩返しも出来、動体視力の衰えを自覚し始めたこともあって、「引退」という言葉が脳裏をよぎるようになった。この年のシーズンが終わった段階で、前人未踏の3000本安打まで残り39本。もう1シーズン巨人でプレーし、この記録を達成して引退するつもりだったが、ロッテの重光武雄オーナーの強い勧誘で移籍し、開幕翌月の5月28日、地元川崎球場での対阪急戦で3000本安打を達成するのだが、この年のシーズン終了後、王が電話をくれた。

「ハリやん、悪いな。俺、先に辞めるわ」

「なんで?」

「それがな、ファーストを守っていて、ピッチャーの牽制球が怖くて、それで決心した」

「わかった。俺はオーナーからもう1年だけやってくれと言われたから、あと1年やるよ」

そう言って電話を切った。「世界の王」ですら、肉体の衰えにあらがうことは出来ないのだということを、いまさらながら思ったものだ。

そのとき私も40歳を超え、身体は満身創痍で、満足に走れなくっていた。難なく打てていた球がファールチップするようになった。ときに空振りもする。さらに左眼が中心性網膜炎にかかり、視力が落ちるだけでなく、物がゆがんで見えるようになった。「引退」の二文字が脳裏をよぎり、私はみずから決断した。このシーズンは70試合に出場し35安打と低迷。

23年のプロ野球人生で最低の成績だった。

こうして王も私も、運動選手の誰もがたどる道を下って行ったのである。

「備える」ことの意味

イチローが引退を発表した試合で、1本でもヒットが出れば有終の美が飾れただろうにというファンの声を聞く。打っていれば、イチローが語り継がれるたびにその映像が流され、歴史の1ページとして刻まれることだろう。

「安打の世界記録保持者が2試合も出て、1本もヒットを打てないものなのか」

というのが、ファンやテレビで観戦した人たちの、いささかの悔しさを込めた率直な思いではないだろうか。

だが私たち専門家にすれば、内容的に見て当然の結果だと思っている。野球は9人対9人でするものだが、それはゲーム総体のことであり、実際はバッター一人対9人の戦いなのだ。しかも、ピッチャーは打たせまいとして必死に投げてくる。守備についた全選手が生活を懸け、ヒットにならないよう全力を傾注する。「たった1本が打てないのか」というほど生やさしいものではない。

すでに記したように、私は1976年、長嶋監督に請われて巨人に移籍した。王とは生まれ年が同じ1940年ということもあって、親友であり、よきライバルでもあった。

その王が私が移籍したこの年、700号ホームランを放つのだが、699号からあと1本まで、オールスター戦を挟んで6試合、1本も打てなかった。約3試合に1本のペースで打ってきた王である。メディアもファンも、いや日本中が「今夜こそ」と固唾を飲むようにして期待していた。

日数にして20日間、バットの快音は聞こえない。すさまじい重圧を跳ね返すように、王は遠征先の旅館で明け方まで黙々と素振りを繰り返す。私も調子を落としていたので、隣室でバットを振っていた。王は孤高の人で、鬼気迫るような顔を見ると、

「大丈夫だよ。そのうち出るよ」

という気休めや励ましの言葉は、とても口にすることは出来なかった。

イチローも同じだ。「たった1本」「わずか1本」を打つのと「全人生」は等量だと私は思っている。1本のヒットを打つために全人生を懸け、全人生を懸けた先に1本のヒットが生まれる。これはピッチャーも同じだ。1球を放るために全人生を懸け、全人生を懸けた先に渾身の1球がある。「一打一生」「一投一生」――これが野球の醍醐味であり、素晴らしさなのだ。

イチローはヒットを打てなかったが、ゲームに出られるような身体をよくぞ作ってきたと思う。間違いなくイチローは「一打一生」を貫き、ドーム球場のバッターボックスに立ったのである。

重ねることでしか後悔を生まない

アスリートは後悔と二人三脚である。〝アスリートの業〟ということを前述したが、完全燃焼して引退するアスリートはいない。少なくともプロ野球選手はそうだ。

イチローは引退後の記者会見で、

「今日の球場での出来事、あんなものを見せられて後悔なんてあろうはずがありません」と感極まった表情で語った。「あんなもの」とは8回裏のことを言う。イチローは右翼守備に一度就いた直後に交代になるのだが、このとき球場全体がスタンディングオベーションで包まれ、ベンチ前で出迎えるナインと抱擁を交わした。今年、マリナーズに入団した菊池雄星は涙を拭い、イチローを師匠と慕うゴードンの目に涙が浮かんでいた。スポーツ紙によれば4分23秒、試合が止まったそうだ。試合後も大勢のファンがカーテンコール。終電近くになっても席を立たない。いや、〝イチロー引退〟の熱気に絡め取られ、身体が動かなかったのかもしれない。

見ていた私でも感激したのだから、当のイチローが「あんなものを見せられて後悔なんかあろうはずがない」というのも当然だろう。

だが私は、イチローの「後悔なし」という言葉の意味は、選びとった人生と、この歳まで野球一筋でやってこれたこと、記録を樹立したということにおいて後悔はなかったという意味に理解している。

野球人として、45歳までプレーして悔いがあると言ったら笑われるだろう。元気でバリバリ働くのは42、3歳まで。王も40歳で引退した。私は41歳、長嶋さんは38歳、落合は35歳……。イチローは海を渡り、大リーグで45歳まで頑張ったのだから「悔いが残る」とは

LEGEND FOREVER

試合終了後
球場から
帰ろうとしない
ファンのために
グラウンドに
再び姿を見せた
イチローは、
万雷の拍手に
手を振って応えた。

言えないだろうし、実際のところ、ベストを尽くしたという満足感はあるはずだ。

だが、イチローはアスリートだ。満足感とは別の次元で後悔はあるはずだ。イチローは「後悔なんかあろうはずがない」という言葉に続けて、こう語った。

「もっと出来たことはあると思いますけど、結果を残すために自分なりに重ねてきたこと。人より頑張ったということはとても言えないですけど、自分なりに頑張ってきたとは言えるので、これを重ねてきて、重ねることでしか後悔を生まないということはできないんじゃないかなと思います」

少しわかりにくい言葉だが、「もっと出来たことはある」という言葉で〝アスリートの業〟を言外に語ってみせたのではないか。「自分なりに頑張ってきたとは言えるので、これを重ねることでしか後悔を生まない」とは、直裁に言えば、

「後悔を生まないためには努力を重ねることしかない」

ということになる。

だが、努力はエンドレスであって到達点はない。先に紹介したNHKテレビの密着番組で、イチローは「バッティングには到達点はない」と言い切った。努力にゴールはないということなのだ。言い換えれば、努力とは自分の影を追うのに似て、どんなに俊足であっても、どんなに頑張ってみても、つかまえることも足で踏みつけることも出来ないにもか

かわらず、必死で影を追いかける。これが〝アスリートの業〟であり、追いつけぬ影と知りつつも、それをつかまえることが出来ないことにおいて、誰しも後悔が残るのではないだろうか。

だが、その悔いは、「ここまでやった」「やりきった」という満足感と表裏をなしている。悔いの残らない努力では、決して満足感は得られないという逆説なのかもしれない。そういう意味においてイチローは「後悔なんかあろうはずがない」と言い切ってみせたものと、私はあの言葉を受け取っている。完全燃焼すれば、後悔という真っ白い灰が残るのだ。

第2章

一流とは何か

2009年のイチロー

イチローを語るにあたって記録づくめの2009年から振り返ってみたい。

この年、イチローは最大の目標に掲げていた一つの記録である、9年連続200安打を達成した。

メジャーリーグでの試合数162試合（レギュラーシーズン）も、イチローには有利に働いた。

イチローが目指しているのは、首位打者ではなく、安打王である。打率は上がったり、下がったり、毎日数字が変動する。だが安打数は打てば打つだけ増える。

イチローはそこに、モチベーションを見いだした。だから、3割や首位打者よりも安打数にこだわるのだ。

私は、約130試合の日本のレギュラーシーズンで、3回最多安打を記録しているが、安打数にはそれほどこだわらなかった。

通算安打数3085本の日本記録を持っているし、デビューしてから引退するまでの23年で100安打以下であったシーズンは晩年の3年間（3回）のみである。それでも、安打王というタイトルがあったわけではないし、関心も薄かった。

だが私はその分、打率には人一倍こだわっていた。私は七度の首位打者の日本記録保持者であるが、こちらのタイトルには誇りがある。誰にも負けない自負がある。

一方、イチローはメジャーに行ってから、首位打者のタイトルは９年間で二度しかない（２００１年と04年）。つまり、イチローは安打王というジャンルにこだわり、そこに彼独自の活路を見いだしたのである。

イチローが前年達成した8年連続２００安打の、前メジャー記録保持者であるメジャーリーガーの名前を誰が知っていただろうか。

いまから１００年以上前、１８９４年から１９０１年にかけて8年連続２００本以上の安打を打ったウィリー・キーラー（外野手＝当時ボルチモア・オリオールズ）という選手である。

永遠のホームラン王、ベーブ・ルース（外野手ほか＝元ボストン・レッドソックス）や球聖、タイ・カッブ（外野手＝元デトロイト・タイガース）といった錚々《そうそう》たるメジャーリーガーではなく、イチローという選手が１００年以上かけて、再度、彼をリスペクトすべき存在として〝メジャーリーグ記録〟というブラックボックスから引っ張り出してきたことが素晴らしい。

こういうところが、メジャーリーグの長い歴史と記録の深さなのだろう。

年間最多安打でイチローがメジャーシーズン最多安打記録257本を破ったときも、その前の記録保持者であったジョージ・シスラー（一塁手＝元セントルイス・ブラウンズほか）は忘却の彼方にあった存在であった。だが、イチローが時を超えて、記録という時空を超えた世界で接点を持ったのだと思う。

ただし、客観的な見方をすれば、歴代の強打者たちが、安打数にこだわらず、打率にこだわってきたという考え方も出来る。あの12回首位打者となったタイ・カッブも4割を3度打ち、最高打率・424を記録したロジャース・ホーンスビー（二塁手＝元セントルイス・カージナルスほか）も安打数などはほとんど眼中になかっただろう。彼らが200安打を目指したという史実など聞いたことがない。

安打数はあくまでも、イチロー出現以前はマイナーなレベルの記録だったのだ。

だがそれはさておき、この年はシーズン当初から体調不良で7試合も欠場するというハンディもあって、相当なプレッシャーがかかっていたと思う。

脚力の衰え（一塁までの到達時間は2007年は3・7秒、08年は3・9秒）や、動体視力などの衰えという肉体的なハンディをも克服して、この大記録を達成したことが素晴らしい。「あっぱれ！」である。

イチローに通算最多安打を抜かれた日

この年、イチローはシーズン当初にもう一つの快挙を成し遂げた。そちらの記録達成の話に移らせていただく。

2009年4月16日（日本時間）に、米大リーグ、マリナーズのイチロー外野手がシアトルのセーフコ・フィールドで「一番、ライト」でエンゼルス戦にスタメンで出場した。胃潰瘍で開幕8試合を欠場していて戦列復帰した第1戦である。

第1打席はショートライナーだったが、3回の第2打席にセンター前にはじきかえし、すかさず二盗を成功させた。

第3打席はライトフライ、第4打席はセカンドゴロ併殺打でいずれもチャンスで凡退したが、7回一死満塁での第5打席、フルカウントから低めのカーブをすくいあげた。打球はグングン伸びて、ライトスタンドに飛び込む満塁ホームランとなった。

これで、私の持つ日本プロ野球最多安打記録とタイになった。

この快挙に、報道陣からの、

「満塁本塁打で決めましたが、やはり何か持っていますね」という質問を受けて、イチロ

ーは、
「『何か持っていますね』とは僕が言うことですね（笑）。ありがとうございます。（何か持っているか）わからないですけど、もう遅いですね、僕に聞くのは（笑）。でも、張本さんも今日、シアトルにわざわざ来ていただいて、張本さんの目の前で並べたことはとても気持ち良かったです」と、私を喜ばすセリフを口にしてくれた。

さらに、
「3085本まであと1本に迫って、7回満塁フルカウントでした」の問いかけに、
「必死ですよ、もう必死です。バットに当てるのに」と、彼っぽくないセリフも。試合後のイチローのインタビューを聞いて、私は彼の胸中を察した。私がスタンドで観戦していることを意識しながら、〝仕事〟をしたのだから、相当なプレッシャーだったに違いない。

私は、イチローが復帰してすぐにタイ記録を、しかも満塁ホームランで決めてくれるとは夢にも思わなかった。観客席で観戦していたが病み上がりを感じさせないパワーがみなぎっていた。

翌日（17日、日本時間）も、私はイチローの新記録を期待しながらセーフコ・フィールドに向かった。

観戦していて驚いたことがあった。何と、試合の合間に私の現役時代の姿が大型スクリーンに映し出されたのだ。場内放送でも私の偉業は紹介された。観衆の声援がすごかったので、思わず立ち上がって一礼した。私の日本記録に対してアメリカのファンも認めてくれたのだ。

この私へのリスペクトは予想外の喜びであった。

この日もイチローは、「一番、ライト」でスタメン出場。試合は０—０のまま、４回にイチローの打順がまわってきた。

２球続けてカーブが外れた後の３球め。

イチローは内角高めの１４５㎞のストレートをしっかりととらえ、打球は一、二塁間をアッという間に抜けていった。

地元シアトルのファンが総立ちで喝采を送っていた。イチローは、淡々とした表情ではあったが、一塁ベース上でヘルメットを取って拍手に応えていた。大型スクリーンには、３０８６安打めを祝福するメッセージと「A New Japanese Baseball Record（日本プロ野球新記録）」の文字が輝いていた。

それと同時に私は前記録保持者として、スコアボードに「Legendary Japanese Baseball Player（伝説の日本の選手）」と紹介された。カラーヴィジョンに自分の姿が映し出される。思わず、私は立ち上がって一礼した。

アメリカに来て、祝福され、紹介された。まさに、男冥利に尽きる一瞬であった。一生の思い出になった。

私の滞在予定は1週間だったが、何を勘違いしたのか、イチローは翌日に帰国すると思っていたらしい。

私は、イチローがバットコレクターであることを聞き、試合前に現役時代に使っていたバットと同じサイズ（長さ3インチ、重さ925g）のモデルをプレゼントした。試合後、会見場に足を運び、「おめでとう」とイチローに声をかけた。

会見で、記者から「記録を達成しての感想を」の質問に対し、イチローは「張本さんの飛行機を延長しなくて良かった（笑）。明日（現地時間17日に日本へ）戻るって言われていたんで。昨日は『2本は今日はいけるかなあ』って言われて。今日は、『明日帰るから』って言われて。なんか、変なプレッシャーかけるんですよね。あれは何を意図したものなのか。ちょっと深読みしてみました」と言ってくれた。記者からさらに、

「トップに立った気持ちを聞かせてください」と問われ、

「単純に、張本さんが見ている景色はどんなものなのか。頂の景色はどんなものなのか、見てみたかった。それが今日、あのヒットでそこに上がったんですけど、まあ、すごく晴

れやかな感じでいい景色でしたね」。記者の質問はさらに続いた。

――それが、一塁ベースで感じたことか？

「そうですね。飛行機のチケットのことと、そのことです」

――今後の目標。ハードルをさらに高く？

「ハードルを上げる必要はないと思う。とりあえずやってみて、何が残るかぐらいの感じの方が、もういいいんじゃないかなあと。一応、一区切りついたんで。日本の記録というのは。まあ、その先を見てみたいなあっていうのは、だるい感じがしますよね」

――次に視界に入っている数字は？

「数字でしょ？　８６８ですかね」

――８６８？

「昨日の試合後、王監督が電話をくれて、すごいなあと思うんですよね。もう、きっちり、節目、節目で。『王ですが〜』って言って。だから、８６８が出てくるよね。張本さんと王さんの関係でいうと、王さんが記録のホームランを打ったときに、張本さんがものすごいジャンプをしたでしょ？　あのジャンプは半端じゃないですからね。あれはすごいですよ。あれはねえ、なんか、ポテンシャルを感じますね。斜めですからね」

余談になるが、その後イチローは王と私のその写真をプリントしたTシャツを愛用して着用していた。

私がちょっぴり泣けたのは、次の質問に対するイチローのコメントだ。

――張本さんをどう感じていたか?

「話でしか僕は聞いていないですけど、かなりつらい思いをされた過去がおありのようなので、僕は、そういう苦しみっていうのは、味わったことがないので、それはもう、僕なんかとは比べものにならないほどの、その、野球に対する思い、モチベーションも違ったと思うんですよ。そういう状況の中で、あの数字を日本だけで作り上げたことを改めてすごいことなんだなあと思います」

試合後、インタビューで私のことを語っているところだけが耳に入って来た。思わず、照れてしまうような受け答えをイチローは私に対してしてくれた。

翌日帰国するための〝飛行機のチケット〟のことを一塁ベース上で心配してくれていた、とは何という彼一流のユーモアであることか。

この気遣いこそがイチローらしい。

その心憎い気遣いにとても感謝している。

だが、一方で何かの情報の行き違いで私の帰国日がイチローにプレッシャーを与えてしまった感がある。

あっぱれイチロー

2009年4月17日イチローは米シアトル・セーフコフィールドで日米通算3086安打を達成。張本氏の持つ3085安打を28年ぶりに更新した。張本氏は試合前に現役時代に使っていたバットと同じサイズのモデルをイチローにプレゼントした。

しかし、結果オーライ。「あっぱれ！」と言っていいだろう。

また最後のコメントで、私について、「つらい過去を経て来た人だそうだ」などと披瀝し、彼らしい前記録保持者への敬愛がうかがえるコメントも嬉しかった。

プロ野球界の先輩に対するリスペクトがありありと感じられた記者会見であった。

イチローと私だけが共有する世界

プロ野球の世界に入るだけの器量と才能がある者はごくわずかの選ばれた者だけである。

その中で、一軍でレギュラーポジションを維持し、自分の存在をアピールし、卓越した記録を残し、チームに貢献するスタープレーヤーになる者がいれば、一軍と二軍を行ったり来たりする「一軍半」の者、二軍から決して一軍にはい上がれない者がいるのはなぜだろう。

メジャーリーグでも状況は同じである。

メジャーリーグの一球団に所属する選手の数は平均250人といわれる。投手が約100人、野手が約150人である。

野手のポジションは8つあるわけだから、一つのポジションに平均19人の選手がひしめきあい、競いあっているという構図になる。

メジャーリーグで一軍登録される人数は25名である。つまり、全選手のわずか10％にすぎないのである。

傘下のマイナーチームからの昇格、トレード、FA移籍で他チームからも多くの優秀な選手が供給されている現状も考えあわせてみると、ポジション争いのバトルが一つのポジションをめぐって、どんなに熾烈なものか想像出来るだろう。

こういった壮絶な争いにサバイバルしていく者にとって、日本でよく言われる「チームの和」とか「勝利への貢献」といった言葉が、どんなに空疎に響いてくるか、わかってもらえると思う。

「食うか食われるか」なのである。

プロの世界では、メジャーであろうと、日本のプロ野球であろうと、生き残っていく者にとっては、シビアそのものの環境下にあることは疑いない。

かつて、イチローはこう言っている。

「日本なら、自分の力の50％でも何とか数字は残せたけれど、アメリカではそれは絶対にムリだということがわかりました。能力を１００％、フルスロットルで出せる状態にないと、イチローという選手の魅力は出せないでしょう」と。

確かにイチローほど傑出した選手であれば、こういった意見は言える。だが、イチローとても、決して、日本で50％の力だけで数字を残してきたとは私は思わない。彼は日本で１００％の努力をしてきたから、アメリカに行けたのだし、１００％の努力を怠っていないから、メジャーリーグでも生き残っているのだ。

これは間違いない。

それでは、日本プロ野球における一軍レギュラーと一軍半、二軍と分かれ、メジャーにおいてもレギュラーとマイナーに分かれてしまうのはなぜなのだろうか？

これは、意識構造の違いだと私は思う。

メジャーと３Ａとの間を行ったり来たりする選手のことを〝a cup of coffee〟と呼んでいる。「コーヒー1杯」とは「アッと言う間」を意味する。

これは、メジャーに上がったと思ったら、アッと言う間に３Ａに降格してしまう者をいう。常に一喜一憂している存在である。

さらに、その上にいる一軍のレギュラーの意識構造は、多少のスランプに陥っても、たとえ一軍登録を抹消されても、心の動揺を表に出さず、あくまでも平静にプレーが続けられる状態になければならない。

イチローを称して「野球禅のマスター」と呼んでいる。

かくいう私も、現役時代に二軍に落とされたことはないが、常にそうした不安を払拭すべく、毎日のプラスαの特訓（1日300回の素振りなど）は欠かしたことはない。

せっかく、プロ野球選手となってレギュラーになったからには、誰の手にもわたすものか、という気概を持ち続けていた。

イチローは日本にいた頃、一軍半の経験も二軍の経験もある。彼はそこからはい上がってきた男なのである。

いまいる一軍レギュラー、メジャーレギュラーの座を「譲りわたすものか」という意識構造こそが、私とイチローの共通するものである。

この強固な意識構造を作り上げた者だけが、10％の生き残りとなるのである。さらに、自分に磨きをかけて、前人未踏の目標に向かっていく者が記録を残す存在となり、歴史に名前を刻む存在となる。

素質や才能、体力だけなら、私やイチローなどより、上の者はうようよいたはずである。

問題は、この意識構造なのである。

強固な精神、つまりハングリー・パワーこそが源である、と断言出来る。

イチローは、私のことを「いかつい人」と言っているそうだ。さらに「僕たちの世代が、そのいかつい人たちを超えていかないといけない」とも言っている。頼もしい男だ。

世代が違い、時代が変わっても、到達した記録の崇高さを分かち合えるのは、日本球界では、イチローと私だけである。

さて、私なりにイチローとこの通算記録を分析してみた。

まず、イチローが３０８５本の日本記録に並んだのは、日米通算２２３２試合めである。ちなみに私は、２７４６試合めであった（１９８1年8月20日西武戦）。イチローの方が５１４試合少ない。

では、打数はどうか。同時点の打数は、イチロー９０８４打数に対して、私は９６６１打数である。これも、イチローの方が５７７打数少ない。

１試合あたりの安打ペースはイチローが約１・38本に対して、私は約１・２本。もしこのペースで打ち続けていくと、私が３０８５本を打った時点で、イチローは３７９５本を打つ計算になる。

年齢はどうか。イチローが35歳5カ月、私は41歳2カ月。イチローは私よりも5歳以上若く到達した。

だが、26歳までの安打数は１１２５本でまったく同数である。イチローが28歳のシーズンから162試合制のメジャーリーグに移籍してから、試合数の関係もあってイチローの数字が急激に伸びていることに注目してほしい。

さらに、私とイチローの決定的な違いは、安打比率だ。

イチローが3085本のうち、2割の610本の内野安打を放っているのに対して、私はホームランを504本（プロ野球歴代7位）を打っている。同じ「安打製造機」といっても、私が中距離バッターであったのに対し、イチローは短距離バッターである。

それぞれ、違う特徴がある。

それを活かしてプロとして大成させてきたのである。

私が、このような数字を挙げてイチローと比較したのは、どちらが上か下かといった低次元の話ではなく、プロとしての持ち味を活かしきった姿を見てほしかったからだ。

もちろん、本心を言えば、悔しい部分はある。でも彼なら仕方がない。同じバットマンとして認めざるを得ない部分はある。それほどの選手だ。

その時、これからも怪我をしないで、1年でも長くプレーしてほしい、私は心からそう思った。


私もイチローも、決してほかの人の記録を抜こうとして、毎日の練習をしてきたわけではない。これは間違いない。なぜなら「自分と他人を比較しているうちは、一流ではない」からだ。私のこれまでの経験則から断言出来る。

これに関しては、アメリカの心理学者J・S・ブルーナーが一つの実験をして、裏付けもある。

ある小学校で立ち幅跳びの記録にチャレンジさせた際、「他人に勝つ」という目標を掲げた選手と「自分の記録を打ち破る」という目標を掲げた選手を比較した。

その結果、自分の記録を目標にした選手の方が良い成績であったという。

つまり、心理学的な動機付けとしてみた場合、他人に打ち勝つよりも、自分の能力向上を目標にした方が達成感がより多く実感出来るということである。

このことは私自身、身にしみて理解出来る。

私は、3000安打達成にしても、4割挑戦にしても、過去の誰かを目標に掲げてチャレンジしてきたわけではないからだ。

3000安打も、4割もいまだかつて誰も当時の日本では達成していない記録だからである。

私は自分の限界がどこまであるのか、その可能性のすべてに懸けてみたかったのだ。昨日の自分でもなく、明日の自分でもない、いまバッターボックスに立っているリアルタイムの自分に、日々人生のすべてを懸けて立ち向かっていったのである。

それが、結果となって、記録の達成となった。

たぶんイチローも同じ心境だったと思う。

イチローは1999年にマリナーズのスプリングキャンプに参加したとき、彼のアイドルであったマイケル・ジョーダンと再会し、次のようなアドバイスを彼から受けたという。

「プレッシャーをエネルギーに替えれば、プレッシャーは自分のエネルギーになってくれる」と。

プレッシャーは封じ込めようとすればするほど、敵となり、自分の最高のものを発揮することだけに集中すれば、プレッシャーは「自分の味方」になる。

つまり、本当のライバルとは、いつ、いかなる場合でも自分なのである。自分に打ち勝っていかなければ進歩はない。

相対的な形で記録が作れるなら、こんな簡単なことはない。

過去の偉大な記録を破ろうという気持ちでバッターボックスに立っていても、記録は達成出来るものではない。

通算3085本の安打を放った者同士が見える地平とは、そういう自己との闘いの記録をしっかりと共有している、ということを明記しておきたい。

群を抜くセンス

私がイチローを初めて見たのは、まえがきで述べたように、仰木彬監督のときだったと記憶している。二軍打撃コーチであった河村健一郎さんとマン・ツー・マンで「振り子打法」の完成を目指していた頃だから、おそらく1994年だろう。

それ以前は、土井正三監督（当時）、小川亨打撃コーチ（当時）らに「振り子打法」が変則的過ぎると言われていた。しかし、プロ1年目の92年はウエスタンリーグの首位打者（打率・336）となり、93年は一軍半で二軍とかけもちだったので規定打席に足りなかったが、打率・371でトップとなる。この年の首位打者は譲ったものの、92、93年の2シーズンにわたって46試合連続安打するなど、すでに今日のイチローの片鱗を見せていた。にもかかわらず、首脳陣が変則打法を嫌い、イチローとソリが合わなかった頃を知っていたので、94年に仰木監督に替わった直後だったと思う。

仰木監督は、登録名を「鈴木一朗」から「イチロー」に変えたほど、その打撃センスを買っていた。

そこで、私は仰木監督に、「すごいバッターいますね。なんで使わないんですか?」と聞いた。

すると、彼は「いやいや、これから使うんだ」と言った。

とにかく、群を抜いた存在だった。どんなコースでも、ムダがない。

バットの先がボールに直接、どのコースにも、「パンパンパーン」っていくから、これはすごい！　と。

どんなバッターでもタイミングをとるのに、彼は構えたグリップがまったく動かなかった。正確さは群を抜いていた。足は動いても、このグリップが不動なので、最短距離から打つ。

私は本人を呼んで、「君はなんていうんだ？　すごいな。頑張れよ」と激励した。

そして、彼が、「鈴木一朗と言います。よろしくお願いします」と言ったのを覚えている。

その後、イチローにはずっと注目していた。解説者として取材に行くたびに、内心「自分の記録を抜くのは彼しかいない」と確信するようになった。

２００８年7月29日、イチローは「日米通算３０００安打」を達成した試合後のインタビューで、こう語っている。

「95年のオープン戦で、張本さんに『次に３０００本を打つのはオマエ、首位打者7回を抜くのもオマエ、最終的にヒットの記録もオマエに抜いてもらいたい』と言われた。今日、そこに到達して、そのことをまず思い出します。張本さん、覚えてないかもしれませんけど」

イチローがメジャー入りして有利になったこともいくつかある。

まず、一番バッターであることだ。

打席がほかのメンバーよりも、多くまわってくる。しかも、向こうの投手は、絶対勝負を避けないで向かってくる。逃げない。

たとえ、5打数5安打打っても、6打席目も勝負する。

そういう環境の良さに加えて、イチローは野球センスがいい。

私も5打数5安打打ったことがあるが、6打席目は勝負されない。日本ではムリ。

2本ポンポン打ったときなんか、その次の打席では私の頭にぶつけてきた。これじゃ、安打は量産出来ない。

イチローは、内野の布陣を一目見ただけで、ピッチャーとセカンドの間、ピッチャーとショートの間を転がせば、ヒットになることを見抜く。

メジャーに行ってからは、足を上げなくなった。これは、言葉はよくないが、打ち逃げと言う。

メジャーは、守りが深いから、彼の調子がよくないときは、よくこの手を使って内野安打にしている。うまく逃げながら転がすわけだ。

こういった要素が安打量産につながっている、と私はみる。

足が衰えてくると、この内野安打が間一髪でアウトになるのだが……。

異次元の世界に手を伸ばす

もちろん、9年連続200安打の新記録達成や、私の通算安打日本記録を抜く3086本も偉大な記録だ。

それでも、当時、私はあえてイチローにはさらに上のレベルにチャレンジしてほしいと思っていた。こと野球にかけては、ハングリーであり、貪欲《どんよく》であってほしい。

もっと異次元の存在を目指せるのがイチローだと確信していた。

永遠のホームラン王、ベーブ・ルースは、彼のシーズン60本の記録や通算記録714本の記録がその後、ロジャー・マリス（外野手＝元ニューヨーク・ヤンキースほか）やマーク・マグワイア（一塁手＝元オークランド・アスレチックス）、ハンク・アーロン（外野手ほか＝元アトランタ・ブレーブスほか）、バリー・ボンズ（外野手＝サンフランシスコ・ジャイアンツ）らによって記録を塗り替えられても、その記録の価値やベーブ・ルースの偉大さが失われることはなかった。

むしろ、いまも燦然と輝く永遠のホームラン王である。

それはなぜか？

ベーブ・ルースが１９２０年代に、54本のホームランを放ち、ホームラン王のレベルをそれまでの20本台から50本台に引き上げ、異次元のレベルに到達したからである。

もちろん、優れたスポーツ選手であれば偉大な記録を目標にしてプレーしているはずであり、当然のことである。

だが、ルースのような見事なまでのレベルアップをする選手は滅多にいない。

そういう意味で私は、イチローに異次元のプレーヤーになることを期待した。近年の例でいえば、陸上のウサイン・ボルト選手もそれにあたる。

１００ｍ９秒58、２００ｍ19秒19のベルリン世界陸上での世界新記録はまさに異次元である。

この域に達してこそ、イチローの真価が発揮された、と私は評価したい。これまではあくまでも通過点、助走に過ぎないと思っていた。

では、具体的に、どんな記録を狙ってほしいと思ったのかといえば、１９４１年以来４割打者が出現していない。

１９４１年に・４０６を記録した〝最後の４割打者〟といわれるテッド・ウィリアムズ以来の４割打者への挑戦であった。

達成すれば、実に約70年ぶりとなる異次元の記録となる。

また、マリリン・モンローの元ご主人として知られる〝ヤンキー・クリッパー〟と呼ばれたスラッガー、ジョー・ディマジオが１９４１年に作った56試合連続安打も異次元の記録である。

イチローは２００９年、27試合連続安打の自己新記録を達成したが、このディマジオの記録がその数字と比較して、いかに異次元かということが理解出来るかと思う。

通算安打記録に関してイチローはさらに伸ばしていった。年間１６２試合もあって、さらに投手が勝負してくるメジャーにあってこそ、可能な記録であった。

私の場合は、試合数も少なく（当時、日本のプロ野球は年間約１３０試合）、３、４番の主軸打者であり、得点圏での長打狙いも多く、安打に徹すればいいというイチローとは違う立場であり、安打狙いに関してはイチローより不利であったことは否めない。第一、日本の投手は勝負してこない。

王など、日本の投手が勝負していたら年間100本、通算1000本を超える本塁打の記録さえ達成していたことだろう。

かくいう私も4000安打を達成していたに違いない。

そういう意味から言えば、日本より好条件であり、日米通算でピート・ローズの持つメジャー通算安打記録4192本を抜くと確信していた。

目前のハードルを果敢に飛び越えていく

よくイチローのことを〝天才〟と呼ぶが、「ふざけるな!」と言いたい。

イチローほど努力をする選手は、彼を除いて私や王以外にはいないのではないだろうか。

私や王のことは後述するが、イチローに関して仄聞するところを述べてみよう。

これは有名なエピソードなので、ご存知の方もおられると思うが、あえて紹介しておく。

イチローは、父の鈴木宣之さんからすでに3歳のときに、プラスチックのバットとグローブを与えられ、遊びに行くときは必ずそれらを携帯していったという。しかも、バットとグローブは、肌身離さず、絶えず使用していたそうだ。

さらに小学校3年生から中学3年生までの6年間に名古屋空港の近くにあるバッティン

グセンターに毎日通い続けた。それも1週間に一度休むといったレベルではない。363日通い詰めたそうだ。あとの2日は、バッティングセンターが正月休みだったというのだ。

1回行くだけで、イチローは最低5ゲーム（1ゲーム25球）。平均して7～8ゲームをこなしたという。雨が降ろうと雪が降ろうと、6年間このノルマは変わらなかった。ちなみに1ゲーム200円なので、1カ月4～5万円を父・宣之さんは投資したことになる。

この当時偉大であったのは、父である宣之さんだ。漫然とイチローが打っているのを眺めていたわけではない。

イチローが徐々にモチベーションを高めていくために、マシーンのスピードを調整していったのだという。

小学校3、4年生のときは、100㎞、5年生で、110㎞、6年生の終わりには120㎞……といった具合にスピードを上げていった。だが、マシーンの限界は120㎞だったので、宣之さんはバッティングセンターの責任者に「もっと速い球が出せないだろうか」と相談し、費用はセンター持ちで「イチロー専用マシーン」を作ってもらったという。これで130㎞までスピードが上がった。

さらに、それでもイチローがモノ足りない、という状況になり、ついにバッターボックスよりも2～3m前に出て打つようになったというからすごい。この6年間でプロ級の投手が投げる150㎞のスピードに対応出来る打ち方をマスターしたのだ。

しかも、この〝バッティングセンター通い〟は〝夜のデザート〟に過ぎなかったのである。

自営業（機械部品製造会社を創業）をしていた父・宣之さんは比較的時間が自由に使えたので、小学校3年生のイチローを相手に、必ず午後3時半になると野球の練習を始めたという。

まずは、軽いキャッチボールでウォーミングアップした後、50球前後のピッチング、さらに、約200球のティーバッティング、その後、各50球ずつの内野ノック、外野ノックを毎日続けたそうだ。それが終了して初めて、夜のバッティングセンター行きだった。

このイチローと父・宣之さんの行動を努力と言わなければ、何と言ったらいいのだろうか。ハンディを背負った私のハングリー精神とは、ひと味違った、いわば〝ニュー・ハングリー〟をこの親子にみてしまう。

ハングリー精神

ここで、イチロー礼賛ばかりをしていては、私の立場がない。ほんの少し私のハングリー精神の一端を綴ってみたい。

まず、イチローに破られていない日本記録を列挙してみよう。

①9年連続打率3割（1966年～74年）
②打率3割通算16年（1960年～62年、66～74年）

私は、いまもこの日本記録保持者である。

この記録は、パ・リーグだけで達成した。イチローは7年連続でメジャーリーグにいったので、日本では私がトップだ。

ただし、日米通算記録となると、分が悪い。イチローは2010年まで3割を打っているから、実に17年連続である。

ちなみに、23年連続3割というタイ・カッブの記録がメジャー記録である。

私が3割を記録した最後の年齢が38歳、あの落合博満（二塁手＝元ロッテ・オリオンズほか）は43歳だから、この記録も抜かれてしまった。あくまでも、日米通算記録ではあるが……。

さらに、3000安打、500本塁打をともに記録しているのは、日本では私だけである。

これは、イチローが一番バッターでリードオフマンという役割で、私が三、四番を打つ中軸バッターであったという相違がある。

こと長打力と単打数という面ではイチローよりも上である。

私はあまり、自分のハンディは言いたくないが、後述するが、私は右手が不自由だった。この右手が健常であったら、ということを考えるといまも眠れない日がある。

なぜなら、もっともっと記録が伸ばせただろう、と思うからだ。

私は、日本一、いやアジア一貪欲な、ハングリー精神の持ち主である。その証拠にプロ野球に入団してから、練習メニュー以外の素振り300回は23年間一度も欠かしたことがない。

これは、1日たりとも欠かさなかった。それでも悔いることがたびたびある。

ああ、飲み過ぎた。ああ、遊ばなければよかった……、と。

後悔しても始まらない。

これが、私のハングリー精神である。

私が小学生のときに初めて広島球場を大木に登ってこっそり覗《のぞ》いて目にした巨人軍選手たちがステーキやら寿司やら、たらふくおいしいものを食べている光景を思い出すたびに、

「うまいもんを食いたい、プロになれば、あれが食べられる！」という一念でやってきた。それが私のプロ魂の原点である。

これは、モノが豊富にある飽食の時代に育ったイチローとの決定的違いである。私はバッティングセンターなどに行く金もないし、連れて行ってくれる父もいない。貧乏で孤独な少年だった。

いまでも私は、メジャーで３割を打つ夢を見ることもある。一方で、５打席無安打で悔しい悪夢も見る。

因果な商売である。

日本記録は私、日米通算記録がイチロー

私は数字の世界で生きてきた。プロは結果がすべてである。「記録より記憶に残る選手になりたい」などと言う選手もいるが、30年もすればほとんどの人は忘れている。だが、数字は不滅である。

さて、前置きが長くなったが、あくまでも３０８５本の日本記録は私がいまでも持っていることに変わりはない。

イチローは日米通算記録なのである。

彼の最終目標はあくまでも、ピート・ローズの世界記録を突破することにあった。

アメリカにおいては、３０００安打とか、５００本塁打などの通算記録は大きなステータスなのである。

その証拠に、いまだにマリナーズの球場（セーフコ・フィールド）でも、ファンをはじめ、一般の人が出入りするレストランなどには、通算５００本塁打を打った歴代の選手たちのパネルが貼られており、いまでも尊敬の対象となっている。

どんなに名選手でも、晩年になると、目の衰えや足の衰えが目立ってくるものである。

かくいう私も引退前の２年間は最悪であった。

とりわけ、瞬発力が売り物のイチローにとって、３０８６本のこの後が本当の正念場だと思った。

そしてアドバイス出来ることはしていった。

いままで私が見てきた最高の打者が川上哲治さん（一塁手＝元読売ジャイアンツ）だが、イチローはその「打撃の神様」を超えたと、そう、私は思っている。もちろん、ホームランでは王がナンバーワンだけど、こと安打を打つ技術にかけては、現時点では私とイチローが双璧であろう。

記憶よりも記録にこだわる

私は記録に関しては、厳しい視点を持っている。なぜなら、これは、ビジネスで言えば、営業成績だからである。いくら記憶に残るセールスマンであっても、売り上げが上がらなければ、お払い箱である。

プロ野球はまさに、そうした修羅場なのである。この節では記録について私見を述べてみたい。

私が自分で誇りに思っている記録は、３０８５本の安打記録よりも、むしろ通算本塁打５００本（５０４本）、通算打率３割（．３１９）、通算盗塁３００（３１９）、という記録である。

この記録は日本では私だけである。

メジャーの中でも、私が敬愛するウィリー・メイズ（外野手＝元ニューヨーク・ジャイアンツ）だけである。

彼の通算記録は、ホームラン６６０本、打率・３０２、盗塁３３８である。彼はアメリカにおいて、メジャーリーグ史上最高の「コンプリート・プレーヤー」と称されている。

また、ウィリー・メイズとは、かつて日米野球などで、プレーしたこともあり、打ってよし、守ってよし、走ってよし、という三拍子そろった選手だった。ちょうど、日本のミスタープロ野球・長嶋茂雄さん（三塁手＝元読売ジャイアンツ）をスケールアップしたような選手を想像してもらえればいいかもしれない。

当時、メジャーリーグは16球団で運営されていた。現在は30球団だから、その精鋭ぶりがこのチーム数だけでもうかがえる。レベルが違う。


さて、通算打率だ。・319が私の記録である。

ところが第1位は、レロン・リー（外野手ほか＝元ロッテ・オリオンズ）の・320、第2位が若松勉（外野手＝元ヤクルト・スワローズ）の・31918、第3位が私で・31916である。

これは、あくまで4000打数以上の選手という条件である。

ちなみに、リーは4934打席、若松は6808打席。私は9666打席だ。8000打席以上となると、日本では13人しかない。1位が私で、2位が長嶋さん（8094打数、・305）、3位が王（9250打数、・301）である。

なぜか、日本の記録係が私のことを嫌っている傾向がある。たぶん、私がいろいろとクレームをつけるからだと思うが、数字がすべてなのである。

これは、好き、嫌いの問題ではない。

勤続年数が多いほど、ビジネスの社会でも貢献しているのと同様に、打数が私の半分くらいしかないリーがトップでは浮かばれない。

4000打席などは7〜8年で達成出来る数字だ。10年もいたら、5000打席はゆうにいく。

せいぜい5000打席を最低限にすべきだ、とクレームをつけたことがある。公平さが大切なのだ。年数が経つうちに、打率が下がっていくのは当然の理である。

引退前の私でも、引退時が・219、その前年が・261だったから、相当通算打率を落としている。

いまでも悔しい。3000本打って辞めておけば良かったと思うくらいだ。

規定打席というのも、1試合×3・1打席で決めている。ふつうは1試合5回くらいまわってくるから、年間520〜530打席立つわけだが、3・1だと400ちょっと、7、8年で達成する。やはりフェアな記録を残していかなければダメだ、と思う。

こうした数字に対する見極め方が甘い。イチローの記録はあくまで、日米通算記録だと主張するのも、こういった論旨がある。

でも、日本のコミッショナーは通算安打記録の日本記録保持者は張本だ、と言ってくれた。嬉しいね。

さて、最高打率。

これは、日本記録が、ランディ・バース（一塁手＝元阪神タイガース）の・389。イチローは2000年に記録した・387で、パ・リーグ記録である（ちなみに彼は1994年にも・385をマークし、史上初の380以上2回の記録がある）。バースの場合、ホームランがあるので、フォアボールが多く、あまり、打率が下がらない。むしろ記録としては、イチローの方が評価出来る。

かくいう私もバースに破られるまで最高打率保持者だった。

1970年に記録した・3834である。

そのときは、9月まで、4割近くまでキープして、・398までいった。あと1本出れば、電光掲示板に4割の数字が出た。

セーフティーバントをやろうと思った。得意にしていたからだ。21回トライして、20回成功している。

でもマスコミが、とくにスポーツ新聞が卑怯だと書き立てるもので、つい頭に血がのぼり、結局、内野ゴロに終わった。

最終的には、大下弘さん（外野手＝元東急セネターズほか）の記録・3831を破ったわけだけれど、難産であった。

忘れもしない、70年10月18日。西宮球場での対阪急ブレーブス23回戦である。この試合で4打数3安打すれば、大下さんの記録を抜く、と聞かされていた。

そこで、4打席目にレフト前にヒットを放ち、4打数3安打とし、思わず、一塁上でジャンプして歓喜した。ところが、先輩の毒島章一さん（外野手）がベンチから走ってきて、何と「よく計算してみたら、5打数4安打じゃないと新記録にならない」と言う。まさに青天の霹靂《へきれき》である。

そして、迎えた9回表の第5打席目である。

投手は山田久志。この年、19打席2安打で山田とは相性が悪い。そこで一計を案じた。一塁手は経験の浅い高井保弘。グラウンドは雨でぬかるんでいた。絶好のチャンス。セーフティーバントだ。初球と2球めは、「打つ気満々」という感じを全身で表現した。

3球め。ここだ！　私は左足をクロスさせ、ボールを一塁側に転がした。無心で走った。

「セーフ」

という審判のコールが聞こえた。「やった！」ついに・3834を達成した。この記録は、15年間も破られることはなかった。

この達成感は、いまでも、自分で自分をほめてやりたいと思っている。「とことん考えて」活路を見いだした好例だ。

「ダメだと思う」条件はいくつもそろっていたわけだから、ダメだと思った時点で成功はない。だが、「ダメだと思っても、とことん考え抜く」ことによって、正攻法にとらわれない方法、いわゆるブレークスルーが起きたのだ。

ネバー・ギブアップ、最後まで諦めないことが、活路を見いだす最大の方法なのである。

ひたすら貪欲に

この最高打率をあげたセーフティーバントこそ、私の恩人といってもいいジャック・ブルーム（二塁手＝近鉄バファローズ→南海ホークス）から教えてもらったものだ。

彼が、近鉄で連続首位打者となった1962年、63年に対戦チームとして、私は外野の守備位置にいて何度も悔しい思いをした。

彼はことごとく、一、二塁間に、まるで判で押したようにボールを転がし、年間で10本や15本以上ものセーフティーバントを決めていた。

私は、前年（61年）に首位打者をとっていたが、ブルームのこの絶妙のバントの前では歯がたたない、と観念した。

そこで一計を案じた。彼に直接、このバントの秘訣を聞き出すことである。

高校時代から、英語は好きだったので、ブロークンではあったが片言でコミュニケーションした。

「今度、いっしょに食事でも行かないか」といった感じだ。

先行投資で2回くらいは、バントのことなどおくびにも出さず、交遊を深めた。

しばらくして、近鉄が上京して来たとき、ブルームから声をかけてきた。

「よし、今度こそ、バントの秘訣を教えてもらおう」とお願いしたら、快諾してくれた。

彼は立ち上がり、バットの角度や格好を実演してくれた。コツは左足にあった。

ふつう、左打者が一、二塁間へ持っていくドラッグバントのときは、どうしてもスタートをあせる。だから、左足を右足の前に持ってきてしまう。確かにこうすれば、スタートは早いが、ボール球をしっかりと見極めないで、正確さを欠くのだ。

だから、左足を投手に正対させるように出す。

こうすれば、球道を見極めやすく、ボール球に手を出すこともない。

角度さえ工夫すれば、正確に転がせるようになる。そして、右足でスタートを切り、左足を踏み込んでいく。

これがブルームの秘伝である。

しかし、私には足があった（通算319盗塁）。しかも一塁まで、ブルームより2、3歩速い。

繰り返し、練習をやった。繰り返し、繰り返しやった。それがここ一番の自信につながった。繰り返すことの大きな意味は自分の大きな力を生んだ。

1964年には、21回トライして20回成功した。この年はブルームより上にいって打率2位であった。

さらに、67年から4年連続で首位打者となった。これも、ブルームの〝伝家の宝刀〟があったればこそである。

王が現役を退くとき

プロ入り22年目のシーズン、1979年まで4年間在籍していた巨人から、山内一弘監督率いるロッテ・オリオンズに移籍した。1980年である。日本プロ野球史上初となる3000安打にあと39本と迫っていた。

私は、3000本を達成したら引退しようと決意していた。プロ入り22年、もう以前のような燃えたぎる野球への情熱が薄れてきたからだ。これがホンネである。

だが、目前に迫った前人未踏の3000安打は達成したい。この気持ちが私のモチベーションのすべてであった。

そして、その日がやってきた。

5月28日、ロッテ・オリオンズの本拠地・川崎球場での対阪急3連戦の第2戦（11回戦）であった。

阪急ブレーブスの投手は山口高志だ。リーグを代表するスピードの持ち主である。

私は、おそらく彼は下手な小細工をせず、ストレートで勝負してくるはずだ、と読んだ。

第1打席でライト前にヒット。これで2999本となり、王手をかけた。

だが、第2、第3打席とも安打が出なかった。

6回裏に第4打席を迎えた。一死二塁という場面である。

高めの速球を思い切り叩いた。手応えがあった。

すると、右翼線審の右手がくるくると旋回した。ホームランだ。

四つのベースを踏み忘れないように、走ったことだけを記憶している。だが、後にビデオで見ると、一塁ベースをまわったところで、ヘルメットを投げ、飛び上がって喜んでいる自分の姿を見て、驚いたくらいだ。

バックスクリーン横に吊るされた金色のクス玉が割れて「おめでとう、張本選手」という垂れ幕が下がっていたことも、ミス川崎がバラの花束を抱えてホームインする私を迎えてくれたことも、すべて記憶がない。

さらに、球団が川崎市長の許可を得て、花火を打ち上げてくれたことすら、そう言われてみれば、そうだったかな、くらいしか覚えていない。それくらい舞い上がっていた。

何よりも嬉しかったのは、広島にいた母（当時79歳）がその日川崎球場のスタンドにいたことだった。私の家内の計らいであった。

母はグラウンドに下りて来て、私と記念撮影した。カメラのフラッシュを浴びて、このとき改めて、ホームランで3000安打を達成したのだという喜びに酔った。

結局、3000本を区切りに引退を決意した私だが、ロッテ・オリオンズの重光武雄オーナーの強い要請もあって、もう1年お世話になった。ここで引退していれば、通算打率は・320を切らずにすんだが、結局通算打率は・31916に終わった。

通算安打は3085本だ。

この年、「辞めるときはいっしょに辞めよう」と約束していた王から電話があった。

「ハリ、オレ、辞めることにしたよ」

私もいっしょに辞めたかったが、チームの方針でもう1年やることになった。私はさらに1年やることにした、と王に言った。

「頑張れよな」

彼はそう、励ましてくれた。

プロ入り同期の、いつでも私を刺激し続けてくれた、偉大な「世界の王」との22年間が走馬灯のように甦ってきた。


私はこのとき「アジアの張本」と自称し、「世界の王」との棲み分けを意識した。長距離打者の王と中距離打者の私との両雄が並び立ったのは、この打者としての特性が異なっていたことである。

さらに、私とイチローも「安打製造機」という新旧の共通項はあるものの、打者としての特性は違う。

私は、あくまでも中軸打者として長打も単打も打ち、塁上にいるランナーを本塁に迎え入れるポジションであるし、イチローは単打でもフォアボールでも出塁し、出来れば盗塁の機会も狙っていくべきチャンスメーカーである。

だが、この、王・私・イチローに共通するものは間違いなく、野球に対する情熱と野球に取り組む姿勢。ハングリー・パワーであろう。前人未踏の記録に挑戦し、記憶よりも、数字を大いなる目標として精進してきたことだろう。

次章からは、この共通項であるハングリー精神、プロフェッショナル魂を私なりに語っていきたいと思う。

第3章

変化を怖れない

「貪欲さ」と「もったいない」

現役を退いて、すでに40年近くにもなろうとしている。それにもかかわらず、私は当時のことを振り返り、いまも「ああすれば良かった」「こうすれば良かった」と反省している。

いや、すでに引退しているのだから、反省というよりも悔恨という言葉の方が的確かもしれない。だがいまとなっては、詮無《せんな》きことなのだ。

それを思うと、グラウンドで活躍するいまの選手たちがうらやましくてたまらない。たっぷり時間がある。

まだいくらでも反省することが出来るし、その反省点を改善することによって、これからも成長していくことが出来るのだから。

しかし、私が思うほどには、現在の選手たちはそう考えていないようである。

どうも彼らからは、私たちの現役時代のような「貪欲さ」が感じられない。

これは時代が違うからなのか。たぶん、それもあるだろう。

私たちの時代はものすごく貧しかった。それに引き換え、いまの時代は豊かだ。プロ野球選手という職業を見ても、私たちのときよりも労働条件は格段に良くなっている。

現役時代、こんなことがあった。

私は腕にデッドボールを受けて歯ブラシが持てないほどに痛く、試合を欠場したことがある。だが、何とかそのシーズンは首位打者を獲得することが出来た。これで少しは給料も上がるだろうと期待した。

ところが、当時の監督であった水原茂さんからこう言われた。

「オマエ、十何試合も休んで何が首位打者か！」

結局、給料は1円も上がらなかった。

私たちの時代は、少しでも成績が落ちたり、体調を崩したりするだけで、てきめんに給料が下がった。これが当たり前だった。

だから、みんな必死だった。けれども、いまの選手たちを見ていると、私たちの時代ほどには成績不振や体調不良に対してナーバスでない気がする。無関心に近いくらいに感じる。

それはなぜかと考えてみた。すると複数年契約によって、大きなお金をポンともらうからだということに行き着いた。

ここで、あえて言わせてもらう。私は時代が豊かになること、労働条件が改善されていくことは、多いに結構だと考えている。当たり前のことではあるが。だから昔を引き合いに出して、いまの選手たちに「ああしろ、こうしろ」などと言うつもりもサラサラない。世の中が良くなることに、異論などあろうはずがない。

どうもテレビなどで「喝！」などとやっているものだから、「相変わらず昔の人が根性論、精神論を振りかざしているよ」と思われている節がある。別にこのことにいちいち反論するつもりもない。私の「喝！」のホンネは、「もったいない」という思いだけである。この部分にすべてが込められている。

「せっかくいい条件下で仕事が出来るようになったのに、どうしてその恵まれた環境を最大限に利用しようとしないんだ。ああ、もったいない」

ということである。

そして同時に、「こういう場合は、ああすればいいのに」「このときの対処法はそうではなく、こうなのに」という思いが次々にわき、またしても「ああ、なんてもったいない」にたどり着く。そのもどかしさが「喝！」という私流の言葉になって現れているに過ぎないのだ。これが、正直なところである。

そこで以下、自分の現役生活を踏まえ、ふだん評論活動をしながら「こうしたらいいのに」「こう考えたらどうだろう」と思っていることを述べてみたい。少しでも「なるほど」

と思えることがあったら、日常の中で置き替えて試してみてほしい。これが私の願いだ。

ハングリー精神の原点

4打席でヒットを3本打ったら、その当日、みなさんはどう考えるだろうか。

3本という成績に着目して、「やった、猛打賞だ。この調子で明日も頑張るぞ」と、その日1日を気持ちよく締めくくれるだろうか。

それとも「確かにヒット3本は打ったが、1打席は打てなかった」と考え、結果として抑えられてしまった1打席の、1球1球をあれやこれやと思い悩むだろうか。

私は後者だった。しかも私の場合はもっと始末が悪い。

「3本も打った、ということは、もしかしたら対戦ピッチャーの調子が悪かっただけではないだろうか……」

と考え出してしまうのだから始末に終えない。

そうすると3本ヒットを打てたことよりも、1打席打ち取られたことの方が気になってくる。気になって気になって仕方がなくなる。

「もし、あのピッチャーの調子が良かったら、抑えられていた打席は1打席だけではすまなかったかもしれない……」

私の不安は止めどもなくなるのだ。マイナス思考も甚だしい。

だから試合直後はロッカールームでは上機嫌でいたはずなのに、帰りのクルマの中では焦燥感にかられている自分がよくいた。そして家に帰って、一刻も早く素振りがしたくてたまらなくなっているのである。

これは後年になってわかったことだが、実はこうした展開になった方が練習に対する密度が濃くなるのだ。人間というのは正直だから、同じ練習をするにしても、不安を抱えていた方が練習にも身が入る。

みなさんも、「ヤバいぞ」「マズいぞ」と思っているときの方が、取り組み方も真剣になるはずだ。まさに、これと同じことが言える。

こう話してくると意外に思われるかもしれないが、私の性格は臆病で繊細、細心な部分も持ち合わせているのだ。かつて川上さんにも、「張本は意外に繊細だな」と指摘されたくらいなのだ。

確かに私は向こう気が強いところがあるし、子どもの頃はよくケンカもした。

豪放な性格の人も好きだし、憧れることもある。しかし同時に、豪傑、豪快な人たちほど、ひとたび調子を崩すと際限なく成績が落ちて行くのを、私は野球を通じて何度も見てきた。

　プロ野球選手としては、そうなるのが一番怖い。だから私は調子が良いときほど、どこかに落とし穴があるのではないかと、いつもビクビクしながら自分自身を疑ってきたものだ。あれほど必死になって練習が出来たのはどうしてだろう、と考えることがある。

　時代が貧しく、みんなハングリーだった。そういう背景も、もちろんあるに違いない。でも突き詰めて行くと、常に自分を疑い、不安を抱えていたからではないかと思い至るのだ。これが私の本性なのである。

自信を呼び戻す万能薬

　調子がいいときほど自分を疑っていると、なかなか自分に自信が持てないのではないかと思われる人もいると思う。

　でも、この話には続きがある。

　私の例で言うと、心配性の私は前で述べたように1日に300本の素振りを課していた。出がけに100本、帰って200本だ。

　あるいは出がけに200本、帰って100本という具合。これはチームの練習とは別の練習で、いわばプラスαの練習である。これをうまく本番に活用していた。どのように活かしていたかというと、打席に立つときに自分に言い聞かせるのだ。

「オレは今日まで、これほど練習をしてきたではないか」

言ってみれば、自己暗示のようなものだ。ただしこのとき、みんなと同じ練習をし、同じように帰り、ときにはいっしょになって遊んでしまったりすると、この暗示の効き目はてきめんに失せてしまう。

一方で、自分だけに課したプラスαの練習がきっちり出来ていると、暗示の効き目がぐっと強くなってくるのである。

とはいえ、私たちの時代は自分だけでなく、ライバルたちもプラスαの練習をしていたので、結果的には負けて悔しい思いをすることも多かった。

それでもプラスαの練習さえ怠りなくやっていれば、少なくともそれを自信に置き換えるだけの根拠になっていった。

はっきり言わせてもらうが、いまの選手たちの練習量は私たちよりも断然少ない。

しかし、私が「喝！」と言いたいのはその事実よりも、むしろこうした状況だからこそ、プラスαの練習によって成り上がってやろうとする選手があまりに少ないことなのだ。

「みんなが遊んでいるから、自分も遊んでしまう」

これがもったいない。相手が遊んでいる分、労せずしてプラスαの数値を高められる絶好のチャンスであるはずなのに、それをしない。

これも時代の違いで仕方のないことかもしれないが、現役生活には限りがあるということを思うと、やれることをやらずにいる選手たちの姿を見るたびに、私は本当にもったいない気がしてならない。

かつて、巨人の原辰徳監督が現役時代、バットを持って私のところに教えを請いに来たことがある。

そこで私は、「オマエさんはつま先が開いているから、スライダーなんて来るとへっぴり腰で全部空振りだよ」と言いながら、対策をアドバイスしてあげた。

彼はしっかりと私の話に耳を傾け、それを実践するために練習を繰り返し、ついにはスライダーもきっちりと打てるようになった。

ところが、練習ではすごくいい感じで打てているのに、なぜか本番では打てない。

そういうことが多々あった。

練習で出来るということは、それに対処するだけの技術はすでに身についているはずだ。それにもかかわらず本番で打てないのはどうしてだろう。

答えは簡単。自分に自信が持てないからである。

つまり、自信の根拠に置き換えるだけのプラスαの練習が身体を満たしていても、心の中にまで浸透していないのである。

豊富な練習量は、フィジカル面もさることながら、むしろメンタル面に大きく作用することを伝えておきたい。これは、私の経験からいって間違いないのだ。

やるだけやったら、開き直ることも大切

ここで一つ補足しておきたいのだが、本番で重要なのは、いい意味で開き直ることも必要だということである。

ひとたびバッターボックスに立ったら、自信を持って臨むことが大事だと言ってきた。その自信の根拠となるのが、プラスαの練習だとも指摘した。

そしてさらにアドバイスするなら、いい意味で開き直らなくてはいけない。

ここで勝負が決するといっても過言ではない。

何も努力せずに開き直られても困るが、やることをやったら、あとは開き直ることだ。そういう気持ちがないと、なかなか本番では成功しないのも事実だ。技術を身につけ、それなりに自信を持てても、打席に立って慎重になり過ぎていては元も子もない。

せっかく甘いボールが来ているのに、もっといい球が来るのではないかと考えていたらダメだ。そう何度も、甘いボールなど来るわけはない。プロの投手はそれほど甘くない。地に足をつけて、しっかりとボールを見るのだ。凝視せよ。そして甘い球が来たら迷わずにバットを振らなくてはいけない。だが、その一方で、自信を持ち過ぎ、強気でい過ぎるのも良くない結果を招くことがある。いい結果を期待するあまり、気が急いて余計な力が入り、かえって凡打の山を築くことになってしまうからだ。

結局、大事なことは平常心である。自信が持てれば、開き直ることだって出来るはずだ。そうすると身体が自然に動き、いい結果がもたらされることが多い。自然体になれるのだ。身体とは、よく出来たものである。

私は身体を満たしていても、まだ心を満たしきれていないと思い、そのときも必死になって素振りを繰り返していた。何度も、何度も、心が納得するまで、振り続けたものだ。そうして本番を迎え、私は開き直ってバットを振った。すると何ということだろう、自分の技術にさらに磨きがかけられているではないか。

メンタル面を鍛えようと繰り返していた練習が、気づかぬうちにフィジカル面をも鍛え上げていくことになったわけである。その結果がこのヒットにつながったのだということを、私は出塁したベース上で何度となく実感したものだ。
練習は決して自分を裏切らない、というのは真実である。

能力を最大限に発揮させる法

「張本さんはＡＢＣのクラスでいうと、どれくらいの選手だったと思われますか?」とマスコミなどで取材されることがある。

そのときには「ＡとＢの間」と答えることにしている。

Ａを超一流、Ｂを一流とするなら、私はまさにその中間。別に謙遜ではなく、冷静にそう見ているつもりだ。

なぜなら私は右手にハンディがある分、守備に不安があるからだ。右手のせいにはしたくはないけれども、プロの世界はそれほど甘くはないのだ。攻走守の三拍子そろって、本物のプロなのである。

ちなみにＡの代表選手を問われれば、長嶋さん、王、そしてイチローなどの名前をためらいなく挙げている。

これは余談だが、いまの時代は超一流と呼べる選手が少なくなったように思う。

その理由は何かと問われれば、やはり練習不足にあると思う。それは疑いようがない。私は王と松井秀喜（外野手＝元ニューヨーク・ヤンキース）をよく例に出して話す。松井の方が素質に恵まれていたと考えている。

しかし練習量は圧倒的に王の方が多いと断言出来る。

それと研究熱心さという点でも、王の方が格段に勝っている。松井には厳しいことを言うようだけれども、いろいろな人にアドバイスを受けても、それを自分のものにしようという貪欲さに欠けていた。これが私の偽りのない意見だ。

もっとも、これは彼だけでなく、いまの選手に共通して言えることなのだが。ただ、現役時代の松井は、大輪に咲く素質があっただけに、私にはもったいないという思いが極めて強かった。

さて、話を戻してこのＡＢＣというクラスだが、私はプロだからといって必ずしもＡに分類される選手である必要はないと考えている。

Ｂなら申し分ないし、Ｃの選手の中にも優れた働きをしている人はたくさんいるだろう。だから私に言わせれば、別にＢ、Ｃ、あるいはＤ以下に分類された選手が、Ａになれなかったといって落胆する必要はない。

むしろ、そうしたこと以上に大切なのは、自分のクラスでトップを目指そうとする姿勢である。大企業をイメージしてほしい。同期が何百人といる中で、入社してから同じようなキャリアを積みながらも、全員が社長や専務、常務になれるわけではない。

このくらいのポストともなると、その人の器量をはじめ、持って生まれた性質や能力が関係してくる。

それなのに、こうした天運を入社前からいちいち気にしていたら、せっかく入社出来たところで、出来る仕事も出来なくなってしまう。

私が強調しておきたいのは、たとえ部長にしかなれなくても、その部長の中でトップを目指せ、ということだ。課長なら、何十人という課長がいる中で、そのトップに立ってやろうとする姿勢を持ち続けろ、ということである。

そうやって考えれば、仕事に対するモチベーションだってどんどんと向上していくはずだ。話を野球に戻せば、2割8分しか打てなくても、積極的にこの打率を継続している選手と、3割打てても消極的にこの打率をキープしている選手がいたとする。

ここ一番の勝負どころを迎えたとき、果たして監督やコーチらはどちらの選手を選ぶだろうか。

答えは自明なはずだ。

素質があっても守りに入っている選手は、プロ野球の世界では即交代が必定である。逆に素質には恵まれなくても、自分の能力を最大限に発揮していれば、必ず出番がまわって来る。そういう世界なのだ。

選手たちには、自分のクラスのトップを目指すことを常に意識してほしい。それが、本物のプロのあり方というものである。これは一般社会においてもそうだ。

清原和博の不幸

プロ野球選手として大成するには、努力と自己管理、そして良き指導者に出会うことが大切だと、私はことあるごとに話している。

とりわけ良き指導者との出会いは、その後の野球人生を大きく変えると言っても過言ではないだろう。

私にとっての松木コーチ、長嶋さんや王にとっての川上監督がそうだ。王の場合は、巨人にいた荒川博コーチの存在も大きいだろう。

けれども、この良き指導者との出会いというのは、努力や自己管理とは異なり、自分の力ではどうにもならない運、不運が常につきまとうものである。

たとえば清原和博（一塁手＝元西武ライオンズほか）にしても、長い現役生活の中で、人間的には素晴らしいコーチたちとたくさん巡り合ってきたはずだ。

だが惜しむらくは、彼は誰からも自分に合うバッティングを教わることがついに出来なかった。それが残念であり、不運である。

彼の本来の力は、残した数字以上のものだったと私は考えている。たぐいまれな素質と、生まれ持っての力の強さ。これを考えると、良き指導者に出会っていれば、彼の実力からして少なくとも三冠王を2、3回は獲れたはずだった。

私は彼に問うてみたいのだ。

「清原よ、オマエは本当に悔いがないのか？」

これはあくまで私見だが、本当は彼も悔いているのではないだろうか。「良き指導者を自ら求め、もっと精進すべきだった」と。

巨人から戦力外通告を受けて、オリックスに移籍してからの彼の努力、奮闘ぶりには、鬼気迫るものを感じた。それほどまでに彼を突き動かしたものは何だったのか。若き日にそれを怠った自分の、その悔恨の念を払拭したいという思いが、そこにはなかったか。

プロ野球選手は年齢も30半ばに差しかかり、「引退」という言葉がちらつき始めるようになると、誰もが思うものなのだ。

「なんでもっとやらなかったのか」

「なんでもっとやれなかったのか」

何度も後悔する。しかし、これでは遅い。遅過ぎるのだ。

現役選手たちよ、これは決して他人事ではない。他山の石ととらえよ。こうした先例を踏まえたうえで、もし良き指導者に恵まれないと思うのなら一刻も早く、自らいろいろな人にアドバイスを求めに行くべきだ。残された時間は、それほど長くはない。

ただ、このときに注意したいのは、プロの場合はコーチに気づかれないよう、少なくとも表立っての行動は避けつつ、こっそりと第三者のアドバイスを聞くようにするということだ。自分も組織の中の一員だということを忘れてはいけない。

実はかくいう私も、松木コーチに隠れては、あっちへ行ったりこっちへ行ったりと、バッティング理論を持っていると思われる人のところへ、50人くらいに話を聞きに行ったことがある。

王といっしょに荒川道場に行ったこともあるし、山内さんのもとを訪ねたことだってある。

ただ、こうした方々の教えを総合しても、自分のバッティングには松木コーチの理論が最も適っていると理解したから、私は松木コーチを信じて指導を受けることにした。

こうした経緯を考えてみると、いまの選手たちはいろいろな情報が入手しやすくなっているはずだ。私たちの時代にはビデオすらなかったから、バッティングフォームにしても実際にコーチに確認してもらいながら、その良し悪しを見てもらう必要があった。

その点、いまの時代は研究素材が至るところに転がっている。だったら、これを利用しない手はない。

まずはいろいろと、技術についての情報を集めてみる。そして自分なりにふるいにかけた情報が、自分のバッティングに合うかどうかを、今度は実際に試して検証してみる。

その様子をビデオに録って自分で確認しながら、コーチにも意見を聞き、自分にとってプラスとなりそうな技術であれば、さらに磨きをかけて体得していく。

その過程で迷ったり、あるいは悩んだりしたときには、そっと第三者に意見を求めてみる。こうしたプロセスを何度も繰り返していけば、もっともっと技術は磨かれていくはずである。

昔は、指導者の中にも私情から「オマエなんかには教えられない」という人が多かった。また、先輩と呼ばれる人たちにいたっては、まったくあてにはならなかった。ひどいものだったのだ。

私が18歳、開幕デビュー戦でのことだ。六番レフトで出場、対戦相手のピッチャーは米田哲也さん（投手＝元阪急ブレーブスほか）という大投手だ。

私にとってはオープン戦でも対戦したことのないピッチャーだっただけに、先輩に「どういうボールを投げますか？」と聞いた。すると「カーブを狙え。甘く入ってくるから」という。

当時はストレートとカーブが主体だったから、私も「はい、わかりました！」と言って、打席に立った。

1球めは真っすぐで、ドーンとストライク。2球めはカーブだったが、甘くはなかった。これでツーストライク。そして3球めは再び真っすぐで、結局3球三振。おかしいなと思いながらベンチに帰ると、監督に「オマエ、何狙っとるか？」と問われた。そこで「いや、ゆるく入ってくる甘いカーブを狙っていました」と答えた途端、「バカものー！」と怒鳴られ頭をカーンと叩かれた。「このピッチャーは100球投げたら、99球が真っすぐだ！」と。

けれども私はこのとき、先輩に対し腹を立てることはなかった。「そうか、これがプロなんだな」と。「親切な先輩などいない、みんなライバルなんだ」と思えたからだ。

だから私も現役時代は、たとえ後輩に尋ねられても肝心なことは教えなかった。性格が悪いと思われるかもしれないが、それくらいに徹した。

それを思うと、いまは状況もだいぶ違ってきているように思う。親切な先輩もいるだろうし、とくに現役を引退した人たちはみな、問われればちゃんと教えてくれるはずだ。

だから選手たちには、もっと積極的にいろいろな人へアドバイスを求めてほしいと思う。そしてそのアドバイスに基づき、自分なりに研究と練習を重ねていけば、得られる果実も大きいように思うのだ。

自分がどんなタイプか、見極めよ

私はバッティングもまた、学問だと考えている。現役時代から、「なぜ、どうして、どうすれば」をキーワードに研究を重ねた。そうした姿勢は、いまの評論活動でも活かされている。

「なぜ」こうなるのかと背景を探り、「どうして」こうなったのかと原因を突き詰め、「どうすれば」この答えを導き出せるか対策を練る。そしてそれを実際に試してみる。

結局、バッティングにおいては研究と練習、この反復なくして進化はあり得ないと思う。では、具体的に何にポイントを置いて反復するかと言えば、それは「自分に合った技術」の習得である。

たとえば、器用な人は他人のモノマネでも、ある程度の成績が残せるかもしれない。しかし、同じような成績を10年、20年と続けられるかと言えば、たぶんムリだろう。

なぜなら人は、骨格に始まり、身長の高低、力の強弱、身体の柔軟性など、それぞれに個性があるからだ。

その個性に適ったバッティングをしない限り、人のモノマネではやがて身体にムリが生じる。当然、成績の向上など望むべくもない。

入団当初、私は長距離バッターへの志向が強かった。しかし、松木コーチの指導により、中距離バッターに徹することを決意した。

そしてその後も、自分なりに研究と練習を重ねた。現に参考となりそうな中距離バッター50人くらいの連続写真を取り寄せ、彼らの打撃技術に関するコメントも出来る限り集めた。けれども、それらをそっくりそのままマネしたことは一度もない。

たとえば右打者である山内さんが、内角シュートを打つ際の連続写真を反転させ、左打席にすることで参考とさせていただいたことがある。

「なぜ、どうして、どうすれば」を念頭に写真を眺め、それに関するコメントと照らし合わせてみる。

すると「ヒジの使い方は自分にとっても参考になりそうだが、このスイングは手首の強い人でないと出来そうにないな」ということがわかってくる。

私はこのようにして、多くの事例を参考にしながら自らと比較し、自分に合いそうだと思われる技術だけを抽出してきた。

さらにその技術を実際に試すことによって、自分なりにアレンジしながら体得を目指していった。

私はこうしたことの反復によって、中距離バッターとしての「自分に合った技術」を習得していったのである。

しかしプロの世界というのは厳しいもので、いくらこちらが技術を磨いて基本となるベースをしっかりと作り上げたとしても、相手もそれに対して対策を練ってくる。だからこちらも、それに対応していかなければならない。つまり「応用」が必要になってくるのだ。

私は最近の選手たちを見ていると、この「応用」が下手なように思えて仕方がない。そしてその最大の原因は、自分がどういうタイプのバッターなのかがよくわかっていないことにあると見ている。

その結果、間違った「応用」への探求で、自分にとって確立しつつある「基本」をも見失わせていると感じることが多いのだ。

これでは「もったいない」どころか、本末転倒である。

基本にあたる「自分に合った技術」を身につけるためには、まず自分が長距離バッターなのか中距離バッターなのか、あるいは短距離バッターなのかを知る必要がある。

そのうえで、自分の身体的特徴などから、たとえば中距離バッターの中でもどういうタイプなのかを、数多くの人たちと比較、検証しながら見極めていく必要があるのは、先にも述べた通りだ。

繰り返しになるが、私の場合は松木コーチに方向性を与えられ、さらに自分でも研究と練習を重ねたからこそ、自分が中距離バッターとしてどういうタイプなのかを客観的に把握することが出来た。

そしてそこを立ち位置にして、長距離バッターや短距離バッターの特性をも自分に活かせないかと、さまざまな応用を試みてきたので、決して「基本」が崩れるようなことはなかった。その結果が「広角打法」、あるいは「スプレー打法」と呼ばれるように、右へ左へとヒットが打てるようになることへとつながったと理解している。

とは言っても、自らを客観視し、自分がどういうタイプのバッターなのかを見極めるのは至難の技だ。

前項で「良き指導者を見つけること」の重要性を指摘したが、その真意も実はここにあるのである。「良き指導者」に出会うことは至難なことだが、これも本人の心がけしだいで出会えるはずである。自分自身の能力を最大限に発揮してくれる師なので、積極的に出会おう！　という心意気が大切だ。ただ漫然と指導を受けるだけでなく、指導者の資質を見抜くことも必要である。

松井秀喜に欠けた「変わる勇気」

練習で出来て本番で出来ないのは、平常心を保てるだけの自信がないからだと私は確信している。

これと関連する点で、もう一つ指摘しておきたい。それは慣れ親しんだ従来のスタイルと決別するだけの勇気と覚悟を持てるか、ということである。

元巨人の長嶋監督に要請されて、ある時期、巨人時代の松井秀喜（外野手・元ヤンキース）の指導をしたことがある。

私の見立てでは、彼は打つときに右足を上げるという難点があった。

この上げている足を「すり足」にすることが主要課題の一つと私は考えた。

そしてそれが実現すれば、三冠王を何度でも獲得出来るだけの選手になると思った。私の見立てたこの解決策と期待される効果は、果たして長嶋監督とも一致していた。

だが、松井は容易に私たちの意見に耳を傾けようとはしなかった。

「理論はわかるのだけれども、ボクには出来そうにない」と。

これにはそれなりの理由があった。

松井は入団当初から長嶋監督の提案に従い、ファームで「すり足」に変更する指導を受けていた。

そして松井自身、言われるままに「すり足」を実践していた。が、なかなかタイミングが取れず、以前のようには打てなくなっていた。

そこで彼は、試しに従来のスタイルに戻して右足を上げてみた。すると昔のように打てるではないか。

打てなかったのが打てるようになった、というのがバッターにとっては一番厄介なのである。

進化して打てるようになったのならいいのだが、元に戻ったところで意味はない。

現に松井には、一流ではなく超一流になってほしいと願うからこその指導であり、フォーム改造だからである。

しかし松井は先のような経緯もあって、フォーム改造に頑《かたく》なだった。

その結果、2年目の5月の時点で、打率も2割4分前後と低迷。

長嶋監督も「このままだと並の六番バッターで終わってしまう」という談話を発表する

にいたって、彼も本格的に右足を上げずに打つ「すり足」打法に取り組み始めるのである。松井のフォーム改造は、少しずつ進められた。たとえば10分のバッティング練習なら、前半5分は従来の形、後半5分は新しい形で打つ。あるいは、歩きながら打つ、といった具合だ。

そして新しい形に慣れ始めた頃には、結果もついてくるようになった。3年も経つ頃には、年間30本以上のホームランを打てるまでになった。

けれども状態が悪くなると、松井はすぐに元の打ち方に戻ってしまう。長い間慣れ親しんだ自分のスタイルだけに、その方が打っていても楽だからだろう。そしてそれはアメリカにわたったあとも続き、成績の低迷を招く引き金となっている。

結局、彼には自分の理想形というものが身についていなかった。それはなぜか。やはり自信が持てないからだ。

新しい技術を手に入れるには勇気がいる。磨き上げてきた過去の技術を捨てる覚悟もいる。当の本人にしてみれば、「失敗したら、誰が責任を取ってくれるのか」と言いたくなる気持ちもよくわかる。とくに、人（指導者）を信じるというのは簡単なことではない。

だからこそ、私はそうした不安に応えるためにも、私なりのやり方ではあるが、ここまでに述べてきたつもりだ。

その指導者が言っていることが自分にとって正しいかどうか、自分なりに徹底的に検証してみることが重要であることを。ときには研究が、練習以上に大事になるという事実を。

しかし松井は、すでにこの段階は通過しているはずだ。

30本以上のホームランという結果が、フォーム改造の成功を物語っているのではないか。ましてアメリカにわたる前年には、そのホームラン数を50本にまで伸ばすことが出来たのではないか。

私は残念でならない。50本を打ったとき、どうして松井はそのフォームを完全に自分のものにすることをしなかったのか。

自信の根拠となるせっかくの裏付けが、これでは単なるメジャーリーグへの手みやげに終わってしまうではないか。

松井は一流ではなく、超一流のバッターになれる逸材だった。そしてその技術は、すでに身についていた。あとはその体得した「自分に合った技術」を信じる勇気と覚悟を持って、研鑽《けんさん》を重ねることが出来るかどうかだった。

もうこの先は理論、理屈ではない。若い世代が最も忌み嫌うところの、精神論、根性論の世界だ。

でもそのわずかな気持ちの差こそが、往々にして超一流と一流の、一流と二流を隔てる壁となることを、私なりの経験を裏付けとして、ここに記しておきたいと思う。

勇気と覚悟の持たせ方

松井の事例から指導者に話が及んだところで、最後に現在の指導者たちについて私が思うところを少しだけ述べておきたい。

私たちの時代は、選手を2通りのタイプに分けていた。梅型と桜型の2タイプだ。

前者は任務と目的をはっきりと明示したら、あとは放っておく。「今日は30分走れよ」「明日は早く出て1時間打てよ」

これでおしまい。たとえばイチローや桑田真澄（投手＝元読売ジャイアンツほか）のような人が、梅型に該当する。

一方、桜型は常に目をかけてやる必要がある。「さあ、あと10本」「いやいや、もう15本」なんて言いながら、常に選手の側についてやるのだ。松井などは、典型的な桜型と言えるだろう。

そのうえで私たちの時代を振り返ると、豊かではなかったから、誰もがハングリー精神旺盛だった。少しでもいい給料が欲しかったから、一人でこっそりと練習する選手も珍し

侍ジャパン

侍ジャパンの
リーダーとして
チームを牽引した
イチロー。
合宿視察で
サンマリンスタジアム
宮崎を訪れた張本氏。
氏の細かい
アドバイスに
イチローは耳を
立てて熱心に聞いた。

くなかった。つまり梅型の集団だったと言える。

ところが、いまは豊かな時代だ。私たちのようにがむしゃらに頑張らなくても、ある程度の生活は出来る。

そうした背景もあってだろう、現在の選手は圧倒的に桜型が多い。イチローや桑田のようなケースは、むしろまれと言っていいくらいだ。だからこそ、指導者たちには先頭に立って、グイグイと選手たちを引っ張ってあげてほしいのだ。

松井を指導していたとき、私は彼にこう言った。

「もし私が1年間コーチを務めるなら、オマエが泣こうがわめこうが、私はオマエの足を決して上げさせたりはしない。その前に試合に出させない。自由に打たせたところで、どうせ大したことはないのだから」

こう言うと、現役の指導者たちに言われそうだ。

「臨時コーチのような気楽な立場だからそう言えるのだ」

確かに、そうかもしれない。

それでも松井と対峙していたとき、私は心底そう思った。

それに言わせてもらえるなら私自身、選手にそこまで断言出来るだけの日々の研究に基づく根拠、そしてそれを実践させるだけの勇気と覚悟を持ち続けることが出来るかと、常に自問自答を繰り返してきた。

そしてそれは難しいだろうと考えたから、今日まで監督やコーチに就任せずにきた。松井を具体例に、「勇気と覚悟を持て」と言った。しかしその言葉は、むしろ指導者たちに強く伝えておきたい。

「最近の若い選手はどうも……」と言っていたところで、何も始まらない。時代は常に変化しているのだから、選手だけでなく指導者たちも研鑽を重ね、自信と勇気と覚悟を持って指導してもらいたい。

そして厳しいことを言うようだが、それが出来ないようなら人の上に立つべきではない。

第4章

いまを超えていく力

「基本」なき「我流」はなし！

この新イチロー論の中に、具体的なバッティング技術の習得を通じて、基本の重要性や練習の仕方、応用の磨き方などについてみていきたいと思う。

そこで、まずは基本の重要性から説いていくことにする。

私はバッティング指導をするとき、次の六つのポイントを満たすことが必要不可欠であると指摘している。

①10本の指でバットをしっかり握ること
②ステップを広くしないこと
③身体を開かないようにすること
④グリップを上下させないこと
⑤打ちにいくときに、バットの先をピッチャー方向に倒さないこと
⑥打った瞬間、打った後に、前足のヒザを突っ張らないこと

これは言わば、バッティングのエッセンスである。

これらを満たすことが出来ると、ボールを強く正確に打つことが出来るのだが、ここでは野球の技術を述べることが目的ではないので、細かな解説は省く。

要するに、これが「基本」であり、一つでも欠けると「実践」「応用」には進めないということだけを理解しておいてもらえればいい。

そこで私は、とくに子どもたちを指導するときには、一度にすべてを教えない。どうするかというと、この六つをさらに二つに分け、小・中学生には①〜③だけを教える。基本中の基本を徹底するのだ。そして高校・大学生には残りの④〜⑥を教えている。

もちろん、このときに①〜③を満たしていない選手がいれば、まずはそこから徹底してもらうよう指導している。

さて、とくに①〜③を小・中学生に教えるのはなぜか。それは一度に六つのことも出来ないからということもあるが、この三つを守らないと悪いクセが生まれ、後年その悪癖《あくへき》に苦しめられることになるからである。

①なんて当たり前ではないか、と思う人もいるかもしれない。

しかしここ数年、とくに中学、高校生を中心に、10本の指のうち、1、2本を、わざと浮かせるようにしてバットを握る子どもたちが増えていることも事実である。

理由を問うと、「この方が握りやすいから」という。指を1、2本浮かせて握るなど、私に言わせれば悪いクセ以外の何ものでもない。

だから小・中学生のうちから、10本の指でしっかり握ることを私は指導している。

②、③に関しても同様で、実はこれを満たしていない選手はプロにも数多く見られる。たとえば日本ハムの中田翔（一塁手＝日本ハムファイターズ）がそうだ。

彼は「ステップが広い」うえに、つま先が「開いて」しまう。結果として〝超高校級〟と言われながらも、プロ入り後は思うように成績が伸びていない。

高校時代にはその腕力で、弱い球や甘い球をスタンドに運ぶことが出来たが、この2点を改善しない限りは、プロのピッチャーが投げる重く速いボールを強く正確に打つことは困難だ。

バッティングフォームというのは難しいもので、一人として同じ人間がいないように、フォームも同様に千差万別なのである。

だから変則的なフォームであっても、それが理に適っていれば「個性」として認められる。しかし理に適っていなければ、それは単なる「我流」に過ぎない。中田の場合も、現状は後者にあたると私は見ている。

アマチュアレベルなら我流でも通用するだろう。しかしプロで我流は通用しない。なぜならプロの世界では、対戦相手が講じてくる厳しい制約の中で、安定的、継続的な成績を10年、20年と出し続けていかなければならないからだ。

それなのに、基本を満たさない我流では通用するわけがない。

ましてプロの世界では、基本を満たした個性を踏まえたうえで、さらに「応用」を伸ばしていくことが求められているのである。「基本」なくして「応用」がないことは、既成の事実だ。

野球に限らずどんな社会においても、先達たちから伝えられてきた必要不可欠な「基本」というものがあると思う。

成績不振に陥ったときは、まずはその「基本」を見直してほしい。もしかしたら、「磨いていたのは個性ではなく我流だった」なんてケースもあるかもしれない。

「基本」とは、「個性」と「我流」を見極める、いい尺度となるのだ。それほど、重要なことなのである。

一度、身についた悪癖を直すには

基本を守らないと悪癖として残り、後年苦しめられることになると言ったが、その典型的な実例を一つ、ここに紹介したい。

私は元ソフトバンクの秋山幸二を臨時コーチとして指導したことがある。当時、彼はまだ7、8本しかホームランが打てなかった。私は早速、彼のバッティングフォームをチェックした。

数回バットを振ってもらうことで、私はすぐに気がついた。彼は基本として満たしておくべき六つのポイントのうち、「ステップを広くしないこと」に反していたのだ。

そこで早速、私は彼のフォーム改造に着手した。何をしたかというと、かまぼこ板に釘を打ち付けて、それを彼がステップする場所に置いたのである。

そのうえでバッティングをさせる。すると右バッターの彼は、板から飛び出た釘を恐れ、ステップの際に左足を前に出せなくなる。

しかし、それと同時に、今度は右足がだんだんとキャッチャー方向に近づいていった。そこで私は同様の板をもう1枚用意し、それを右足近くにも置いた。

まさに挟み撃ちにした状態で、バッティング練習を続けさせたのだ。彼もまた、よく練習した。結果としてステップが狭くなったことにより、彼はホームランを急速に量産し始めた。

秋山幸二は現役を退くまでに、通算437本の本塁打を記録している。

ここで、着目してほしいのは、「そこまでするか」と思われるほどのことをやらないと、一度身についてしまった悪癖はそう簡単には直らないという事実だ。

そして必要不可欠と言われる「基本」を満たすようになっただけで、成績が伸びていったという結果である。

もちろん、秋山幸二の通算本塁打数は、その後の彼の精進があってのことだが、この実例からもわかる通り、我流ではプロで結果を残すことは出来ない。

逆に基本に忠実であるだけで、安定した成績が望めるようになる。

プロ野球界において実績を残した選手たちはみな、先に挙げた六つのポイントをすべて満たしていたことを明記しておきたい。

苦手をこうして克服する

前で研究と練習による反復から、「自分に合った技術」の習得を目指すべきだと述べた。

それが自分の基礎、土台となるからだが、この過程においても先に触れた六つのポイントは、常に頭の中に入れておかなければいけない。

そのうえで「自分に合った技術」、言い換えれば「基本」が確立されたら、いよいよ練習での「実践」段階に入るわけである。

たとえばピッチャーは、いつも同じ速度のボールを投げてくるわけではない。速い球もあれば、遅い球もある。

そこで私は、速い球を予想して遅い球が来たときは、ワンテンポ振り出しのタイミングをグッと遅らせる。逆に遅い球を予想して速い球が来たときには、バット1本くらい前でボールをとらえる感覚を持った。

もちろん、なかなか出来ることではないのだが、実際の打撃練習などではこうしたことをイメージしながら、反復練習していくのである。

また、私の300本の素振りの例で言うと、実際のピッチャーとの勝負を想定しながら、真ん中のコースを50本、インコースを50本、アウトコースを50本、という具合に振っていく。

ただし、このときにピッチャーのフォームは想定しない。単純に来た球に対して勝負をかけていく。

どのようなフォームのピッチャーが投げようとも、ストライクとコールされる球は、必ずストライクゾーンを通過するからだ。

よく「あのピッチャー、なんか苦手なんだよなあ」と口にする選手がいるが、私はこういうふうには考えない方がいいと思う。

「苦手」という言葉を口にしただけで、自らハードルを上げてしまうことになるからだ。「苦手なピッチャー、苦手な球種は何でしたか？」と問われることがあるのだが、私は現役時代から今日まで、「苦手なピッチャー、苦手な球種はない（なかった）。打ちにくい人、打ちづらい球種は確かにある（あった）けれども」と答えている。

精神論になってしまうかもしれないが、ある特定のピッチャーに対する苦手意識は、自らを追い込むだけだ。

仮に打ち取られたとしても、「あのピッチャーはやっぱり苦手だ」ととらえるのではなく、「来た球を打ち返せなかった」ととらえた方が、気も楽になるし、対策も講じやすくなるはずだ。

どんな社会でも苦手な人というのはいると思う。そのときは、その人を見るのではなく、その仕事ぶり、その仕事内容だけを見るようにしたらどうだろう。

そうすると自分はそれに対して、どういう仕事をしていったらいいかが見えてくると思う。

少なくとも野球においての実戦的な練習というものは、その背景にある抽象をとらえるのではなく、目の前の具象をとらえることこそが重要だと、私は考えている。

まず自分の身体で感じること

抽象と具象という言葉が出てきたところで、ピッチャーの配球に対し、バッターはどのように臨めばいいかを見ていきたい。

わかりやすく言えば、「ヤマをかける」べきか、「読む」べきか。これもまた、抽象と具象の話と言えるだろう。

そこで、先に結論から言うと、みなさんご推察の通り答えは後者、「読む」べきである。「ヤマをかける」ということは、次は100%この球が来ると思って打ちに行くため、ヤマがはずれたときには手も足も出ない。

こうした神頼みとも言えるような姿勢では、プロの世界で安定的、継続的に成績を残していくことは到底ムリだ。

では、どのように「読む」べきか。具体的にはそのピッチャーのクセや配球パターンを観察し、「70％の確率で次はこのあたりに来そうだ」と考えていくのである。

「このピッチャーは1―1なら、だいたいアウトコースにスライダーを投げてくるだろう」「たとえ1―3でも、このピッチャーはフォークを投げるから気をつけなければいけない」

といった具合に、過去の傾向を踏まえて配球を読んでいく。

もちろん、相手バッテリーも裏をかこうとするだろう。それでもいざという場面では、そのピッチャー本来の傾向が出やすい。

とくに「困ったときは最も自信のあるボールで」と考えるバッテリーに、こうした傾向が強いのである。

だから味方の攻撃中、プレーヤーがやるべきことはただ一つ、この相手ピッチャーの観察だ。

それにもかかわらず、いまもベンチで談笑している選手たちの姿を見かけることがあるが、私には彼らの気がしれない。

これからも対戦する相手だ。私は1球たりとて見逃さないように心がけたし、はたから見ているだけでは球種のわからないボールについては、「さっきのボールは何だった？」と、そのときのバッターに確認するよう努めた。

また、キャッチャーミットの捕球音にも耳を澄ませ、ボールのキレを判断していた。

これは私だけでなく、私が知る優れたバッターたちが共通してやってきたことだ。

さて、こうして知り得た情報の扱いについてだが、私自身は得られたデータをメモに取るようなことはしなかった。

なぜならメモに取ることで安心してしまい、本当の知識として身につかないからだ。それに、状況は刻一刻と変化していくので、たとえ同じ対戦相手であっても寸分違わぬシチュエーションなど二度と訪れない、ということも理由として挙げられるだろう。

むしろ、大切なことは、知り得たデータはデータとして参考程度にとどめ、まずは自分の身体で感じることだと私は考えている。

そしてそこで感じたことを、記憶にとどめておいたデータと照らし合わせ、次の対戦に活かしていくのだ。これを繰り返していくと、たとえメモを取らずとも、本当に必要なデータだけが頭に残されていくのである。

私はＩＤ野球を否定しない。しかし、不向きな人間が手を出すと、情報の波に飲み込まれて溺れかねない。

もし、そうした傾向があるようなら、私のようなやり方を試してみてほしい。データがふるいにかけられ、不要なそれに惑わされることが少なくなると思う。

これは「配球」についてだけを見た一例だが、このように実戦においては直接、間接を問わず、どれだけのことを体感し、自分の真の知識の体得へと昇華して行くことが出来るかが極めて重要となる。

これもまた、明日へとつながる文字通りの実戦練習なのだ。

「応用」の習得は練習しかない

「基本」と「実践」について述べてきたところで、今度は「応用」について見ていこう。

私に言わせると、「応用」を磨くという行為は、マス目を一つひとつ塗りつぶしていくようなイメージに近い。それはどういうことなのか。以下、ミートポイントを通じて説明してみたいと思う。

ここではホームベースを真上から見た絵を思い浮かべてほしい。

私はこれまでに述べて来た通り、左の中距離バッターだ。したがって、アウトコースのボールはレフト方向に、真ん中はセンター方向に、そしてインコースはライト方向に打った。これが基本である。しかし「基本」だけでは通用しないのがプロの世界であり、常に「応用」が求められる状況へと追い込まれる。

そこで私は基本と逆に、アウトコースのボールをライト方向に、インコースのボールをレフト方向に打てないかと考える。そのうえで、まずはアウトコースのボールを自分の立ち位置に対して、前の方（ピッチャー方向）で、真ん中で、後ろの方（キャッチャー方向）でと、ミートポイントをずらしながら順番に打ってみる。

何度も何度もだ。その結果、どうにも「応用」出来ないと判断したら、そのミートポイントを黒く塗りつぶして、次のポイントへと移っていく。

こうした作業を、アウトコースとインコースの両方で検証し、黒く塗りつぶされることなく残ったミートポイントこそが、自分の「応用」につながると判断するわけである。

次の段階は、そのミートポイントで、基本とは逆の方向へも強く正確に打てるよう、技術を磨いていくわけだ。

これをひと通り終えたら、今度は長距離バッターのミートポイントで打つことにより、打球を遠くに飛ばせないかを検証していく。アウトコース、真ん中、インコースを、まずはライト方向へ、続いてセンター方向へ、そしてレフト方向へと打ってみる。これも順番に、何度も何度もだ。その結果、ホームランはムリでもヒットに出来そうなミートポイントがあれば、それを自分のものとするべく、ここでも技術を磨いて習得を目指す。

さて、ここまではホームベースを俯瞰《ふかん》した平面で説明したが、実際にピッチャーが投げてくるボールにはコースだけでなく高低の違いもあるので、それも一つひとつ検証していく必要がある。

これも先と同じように、高め、真ん中、低めと順番に試していきながら、「応用」出来そうにないミートポイントは黒く塗りつぶしていくことから始める。

そして白く残ったミートポイントについて、確実に自分のものとするべく練習を重ねていくのだ。

以上、かなり粗い説明となったが、実際に「応用」を身につけるためにはこうしたミートポイントのほかにも、球種や球速、スイングの仕方など、考慮すべき条件はたくさんある。そうした想定しうるあらゆる条件をリストアップし、その一つひとつを検証しながら、練習を重ねていくことが大切である。その過程では、参考となる選手と自分の技術や特性を照らし合わせる研究も必要だ。こうした反復の先にしか、「応用」はないのである。

これは間違いない。

このように「応用」の習得は、一朝一夕には成就しない。

それを考えると現役生活はあまりに短い。スポーツ選手なら、なおさらだろう。

しかし、だからこそ、つらく、苦しい試練が続いたとしても、この間だけは必死になって「応用」を磨き、さらなる高みを目指してほしいのだ。

これが現役を退いた、いまの私の偽らざる要望である。

出来るだけハードルを高くして、目標設定を明確にしていかなければ「応用」はマスター出来ない。常に磨きをかけていくアグレッシブな精神が必要だ。

不器用だからといって悔やまない

同じようなキャリアを重ねてきたはずなのに、あの人は器用に何でもこなしていく一方で、自分は不器用だからそれが出来ない。

「ああ、これが素質の違いなのか。私はこの仕事には向いてないのかもしれない」

どんな社会でも一度や二度は、こうした壁に突き当たることがあるだろう。

プロ野球選手だって同じだ。

けれどもプロ野球界には、その不器用さを地道な努力によって最大の武器へと昇華させ、ついにはホームランの世界記録を樹立するまでになった人がいるのも事実だ。

最後に私の親友、王について触れておきたい。

王は入団当初、二本足のオーソドックスな構えからスイングをしていた。

ところがタイミングを上手く取れず、とくに速球に対して差し込まれることが多かった。しかも、ひとたびバットが出てしまうと、途中から細かいバット操作が出来なかった。つまり、来た球を強く打つだけの不器用なバッターだったのだ。

ボールを「線」ではなく、「点」でしかとらえることが出来ないような、そんなイメージの打者である。

その点、私はどうだったかと言えば、ボールを「線」でとらえることが出来たため、ボールが変化してもバットコントロールによって工夫が出来た。

たとえ芯ではとらえられずとも、バットの先や根元に当てることでボールを前に飛ばすことが出来た。

そこで、不器用な王は、バットを「線」でとらえることを捨てた。そして前足を上げることによって、「点」で打つことにすべてをかけたのだ。

これが、「応用」による「一本足打法」の誕生である。ここから彼はホームランを量産し始める。さて、ここで、みなさんは言うだろう。「結局、王さんには素質があったから大成したのだ」と。

確かにそれは認める。けれども考えてみてほしい。

誰が、この時点で、ホームランの世界記録を樹立するまでのバッターになると想像出来ただろうか。

彼の記録はあくまで結果論であって、当の本人もこの時点では想像すら出来なかったはずだ。むしろわかっていたことはただ一つ、このままでは何も足跡を残せずに終わってしまうということだけだ。そこを結果だけに着目して、常人にはマネ出来ないと考えるのは、あまりに早計ではないだろうか。

私にしたってそうだ。

先ほどボールを「線」でとらえることが出来たなどと偉そうに言ったが、心境としては「バットのどこに当たるかはわからないが、どこかに当たって強い打球が前に飛べば、ヒットになる可能性はあるはずだ」というのが本心だ。

言わば、ヒットは必死になって打ったことの産物に過ぎないのである。

実は、私は松井への指導と前後する形で、当時の中日に在籍していた大豊泰昭（一塁手）を教えたことがある。

彼は巨漢で怪力、当たればボールも遠くに飛んでいく。

しかし、不器用でタイミング音痴。打つ瞬間にバランスを崩してしまったら最後、どうにも対処が出来ないでいた。

まさに王に似た悩みを抱えていたのである。

指導の際、私は彼に言った。

「王も不器用だったけど、オマエはもっと不器用だ。けれどもオマエの方が力もあるから、一発で勝負しろ。そうでないとオマエさんがチームにいる意味がなくなる」

そう言って私は、左打者である彼に右足を上げて打つように指導した。

そこから彼はホームランを量産するようになり、翌年にはホームラン王を獲得している。この実例にしても、彼がこの時点でホームランを量産出来るまでになるという保証はどこにもなかった。

しかし生来の不器用さゆえに、足を上げる打ち方にすべてを賭けるしかなかった。

同時に私も、「なぜ、どうして、どうすれば」を念頭に論理を固め、そうすることの意味を彼にわかりやすく説明するよう心がけた。

だから彼も私を信じ、必死になって練習をした。

「不器用だから」「素質がないから」と、簡単に自分を諦めてはいけない。

とくに基本が確立されつつあるような時期で、それなりの実戦も経験するようになっているときなどは、なおさらだ。

もう一度原点に立ち返り、必要不可欠の「基本」を満たしているかを見直そう。

そして「我流」ではないことを確認しながら、実戦的な練習を繰り返してみよう。

それでも上手くいかないようなら、いよいよ自分も「応用」が求められているのだと、考えていいだろう。

「応用」を磨くことは、地道な研究と練習の繰り返しだ。

しかし、その努力をまだ始めていないうちから、自分を諦めてはいけない。

王や大豊は、「応用」によって自分のウイークポイントを最大の武器にまで昇華させた。繰り返すが、「応用」を磨く過程において、彼らはその後の自分たちの結果を知らない。大切なことは今日までの自分を信じて、地道に「応用」を磨いていくことだと私は思う。

特性を見極める

大豊のことに話が及んだところで、「おや」と思った人もいると思う。なぜなら私は、松井と大豊に真逆のことを指導しているからだ。

この矛盾については、当然のことながら松井からも指摘を受けた。

「なぜ私には足を上げるなと言いながら、大豊には足を上げさせたのですか?」

私は答えた。

「オマエと大豊は、タイプが違うからだ」

バッターには形で打つ人と、形が崩れても打てる人がいる。前者の代表例が王なら、後者の代表例は長嶋さんやイチローだ。

とくに長嶋さんやイチローなどは、どんなに体勢が崩れてもバットをボールにキッチリと当てることが出来る。

こういう人を「バッティングの受けがいい」と言う。

そこで、松井だが、彼は一見すると身体が硬いようだけれども、実はこのバッティングの受けが良く、非常に器用なのだ。だからこそフォームを改造すれば、ホームラン王だけでなく三冠王も獲れると、長嶋さんも私も判断したのである。

ちなみに前足を上げると何がいけないのか。それは身体に「上下動」が起こり、それにつられて目線までもが上下に動き、結果としてボールに対する距離感を狂わせるからだ。したがって、もしそこへ縦の変化球などが来てしまうと、もう対応することすら出来なくなってしまうのである。

王も大豊もその不器用さゆえに、あえて、こうしたリスクを背負ってでも、そこに活路を見いだすことに血道を上げた。

けれども松井はもともと器用なのだから、無駄なリスクを背負う必要はないのだ。

補足すれば、「すり足打法」とは言っても、必ず、前足を浮かせることでの空間は生まれる。ただし、その空間が薄い。空間が薄ければ薄いほど、身体の上下動もなくなる。

つまり「すり足打法」は、目の高さを変えないことを最大の目的とした打法なのである。

さて、私がかつて経験したこうした実例からもわかる通り、同じ長距離バッター、あるいは中距離バッターだったとしても、選手によっては真逆のことを指導しなければならない。これは指導者にとって、非常に勇気がいることでもある。

しかし、そうだからといって真逆のことを教えることに躊躇し、その中間を取るような中途半端な指導をしたら、選手の足を引っ張ることは自明の理である。

くれぐれも指導者たちは、選手たちを簡単に分類してはいけない。ましてや「このタイプの対策はこうだ」と、一般に言われているような方程式を安直にあてがってはならない。

まずは1対1の真剣勝負。

その選手の特性を見極めることから、指導は始まる。少なくとも私は、そのようにして、選手たちへの指導をしてきた。成功したこともあるが、苦い失敗もある。

だが、私の出来ること、持っているものは、惜しむことなくすべてを選手たちにつぎ込んできたつもりである。

これは、指導者としての私の矜持《きょうじ》である。

指導者の条件とは

指導者とは、またその条件とは、何だろうか。

人には、それぞれ長所や欠点がある。だが、本人はこのクセに気づかない場合が多い。

伸ばすべき個性と矯正すべきクセをズバリ見抜き、指摘し、持っている素質を開花させていくのが、良き指導者である。

逆に、ダメな指導者の典型を列挙してみよう。

①実績のない人は、一部の例外を除いて、ほとんど指導者失格である。
②一つの「型」にはめようとする指導者は要注意だ。
③自分の経験したことだけを拠《よ》り所《どころ》にして、教える指導者も失格である。
④〝ガッツ〟とか〝根性論〟をうたい文句に精神主義を強調する指導者も失格。

まず、①である。これは、現役時代にさしたる実績を残していない、ということは、修羅場を経ていないと判断出来る。これでは確固たる自信に裏付けされた指導が出来ない。見聞したことを優柔不断に押し付けたり、何の検討も批判もないまま、「こうしろ、ああしろ」と指導する場合が多くなる。

実績がなければ、強い指導力は発揮出来ない！　私はそう思う。

②の場合も、イチローのような「振り子打法」、落合のような「神主打法」というように、それぞれの打者には、最も、適した打法がある。

ただ、ワンパターンの打法を、猫も杓子も同じ「型」にはめるような指導では、伸びる者も、摘んでしまう。

③のケースは、一見説得力がありそうだが、これも指導者の怠慢そのものだ、と私はみる。

自分のやってきたことしか教えられない、教えない、というのではプロの指導者として失格だ。さらに悪いことに、自分に似たタイプの部下を指導する場合は、それでも通用するが、まったく似ていないタイプの部下にも、強要するから始末が悪い。このタイプも〝喝！〟である。

最後に④である。

具体的な理論を持たず、やたらに精神論だけを連呼する指導者は、フィーリングだけでごまかそうとする最悪の指導者である。

このタイプも当然〝喝！〟。

ほとんどの指導者とは言わないが、こういうケースが多いはずだ。だが、それで諦めたらダメだ。イチローや落合の例を見るまでもなく、まずは、自分を信じるしかない。そして、こういった指導者にあっても、自棄になってはいけない。地道に努力を重ねていくことだ。

そうすれば、必ず、自分を見ていてくれる指導者に巡り合えるはずだ。諦めてしまっては〝出る芽〟もでない。

自分を伸ばすためにどれほどの人に出会えるか

さて、私の指導者であった松木コーチのことをお話ししたい。

1959年2月、私は静岡県伊東市の春季キャンプに初めて参加した。そのときのコーチが松木コーチだった。

彼は本社筋から「張本をすぐに一軍で使えるバッターに育てよ」という至上命令を受けていたという。それだけに、私のバッティングをことのほかよく見てくれた。

とりわけ私の右手の弱さを指摘した。

自分なりに、これまでも、右手は強化してきたつもりだが、見る人が見れば、すぐに見抜かれてしまうのだ、と思った。

松木コーチとの猛特訓は、この右手強化を中心にスタートした。

昼のトレーニングを終了してから、夕刻になってから、松木コーチとのマン・ツー・マンの特訓が始まった。

「ホームランバッターは、センター中心に打球をぶちこまないと本数は伸びない。だが、そのままの右手じゃムリ。君は足が速いんだから、中距離バッターを目指せ」

と、松木コーチは私に言った。さらに、彼は、

「このままやっていけば、40本や50本はホームランを打てるようになるだろうが、高い打率を記録することは出来ない。むしろ怖いバッターになれ！」

と続けた。

確かに、当時のホームランバッターは、総じて打撃そのものは粗かった。58年に首位打者となった中西さんが・314で、パ・リーグでは4人しか3割バッターはいなかった。まさに「投高打低」の時代であった。

松木コーチの一言で、私は、長距離ヒッターから中距離ヒッターへと気持ちが固まった。松木コーチのおかげである。

松木コーチは、大阪タイガース（現・阪神タイガース）の中軸打者として活躍し、1937年春シーズンには、ホームラン王と首位打者の二冠に輝いた実績があった。

私は右手の筋力が弱いので、左右の腕力比が極端にアンバランスなバッティングを矯正していく必要があった。

それには、弱い右手を徹底して鍛え抜くしかない、というのが松木コーチの考えであっ

た。インパクトまでは、両手で、ボールをとらえた瞬間から、右手だけで振り抜く練習内容である。

この練習を６００球以上やり続けた。

「朝起きたときに、右の肩甲骨の下の筋肉が痛いと感じるくらいまで打ち続けろ」

と、松木コーチは言った。

私はもちろん、スタミナが切れるまで振り続けよう、と決心していた。

たとえ、雨の日でも、松木コーチにお願いしてボールをトスしてもらい、この練習を繰り返しやった。

基礎をしっかりマスターし、欠点を矯正していく時期に松木コーチと出会ったのはラッキーだった。

「左バッターは、右手と左手の比率が8対2か、せめて7対3で打てなければ、打球が伸びていかない。でも、オマエの場合はこの比率が逆になっているから打球が伸びない。左手は身体の前あたりまでしか利用出来ないが、右手は構えたところからフォロースルーまで使う。だから、倍の力が作用する。右手がしっかりしなきゃダメなんだ。右手を毎日鍛えていこう」

このように、松木コーチから励まされて約2カ月にわたる特訓を続けた。

右肩の付け根と右ヒジの内側の筋肉に激痛が走ったのは伊東キャンプ中であった。特訓から10日目であった。それから2週間は歯ブラシを持つのもしんどい有様であった。

右手を鍛えなくてはダメだ。うまくなってやる。そう自分に言い聞かせながら、頑張った。そのうちに、痛みも消えてきた。

理論と情熱。この二つを松木コーチは兼ね備えていた。だから、安心して頑張っていけたのである。

その成果が出始めたのは、キャンプ入りしてから1カ月後くらいからであった。

以前は、実質左手1本で打っていたので、レフトへの打球が、左手がかぶるような形となり、順回転のドライブがかかって、失速していたが、この猛特訓で右手を強化したおかげで、ボールを押し上げる形となり、レフト方向へ逆回転となった打球がグングン伸びていくようになった。

結局、このシーズンの最終成績は・275、本塁打12本、打点57で新人王に輝いた。

成果をすぐに期待しない！

練習を重ねることで、必ず成果は期待出来る。

だが、この成果の出方は人によって違う。しかも、即効である、とは限らない。

私は現役時代、毎日300回の素振りを課していたがこれは欠かしたことはないと何度も書いたが、こういった毎日の練習が、どのような形で現れるかは、人によって違う。2、3カ月でそれなりの結果が出る選手もいるだろうし、1、2年はかかる選手もいるだろう。

だが、私が断言出来ることは、プロである限り、短期勝負ではないということだ。出来る限り、現役を長く続け、10年、15年、20年という長い期間を想定して練習を重ねていく必要がある。

だから、今日500回素振りしたからといって、明日ホームランやヒットが出るという考えではダメだ。

毎日、毎日、今日より明日、明日よりあさって、という具合に加速をつけて、モチベーションを上げていきながら、技術を自分のものにしていくのである。

一流と言われる選手はみなそうである。長嶋さん、王をはじめ、イチローも松井もみな同じだ。こうした練習が選手寿命を伸ばし、心身を鍛えていくのである。

だが、中には、「私は、こんなに努力しているのに報われない」という選手も少なくない。

私に言わせれば、甘えるな！「喝！」である。

その理由を列挙してみよう。

①努力しているのは自分だけではない、ということだ。誰だって一所懸命に努力していることを銘記しておくべきだ。

②「努力」を切り札にしているのは、間違いだ。「努力する」ことは、プロであれば当然のことで、口外すべきことではない。

③「努力していることを評価してほしい」というのは、甘えに過ぎない。評価すべきは、努力ではなく、「結果」である。

こんなに「一所懸命にやっているのに、誰も評価してくれない」などという輩《やから》は、私からみれば、言語道断である。

やることは、当たり前なのである。必死にやって、やって、やりまくる、それでダメなら諦めるしかない。

だが、そういった努力をしている者は、必ず誰かが見ているものだ。それが評価につながったり、助言や励ましとなったりしていくのである。これが、「努力の正体」である。

死にものぐるいでやって、初めて活路がひらけていくのである。

努力のレベルが低過ぎる、と言える。

これでもか、と思っても、世の中は、それ以上に努力している者がいる、ということを知っておくべきである。

最後の4割打者、テッド・ウィリアムズは「私が史上最高の打者である」と言い聞かせて、毎日毎日練習を重ねたという。

もはや、ライバルは自分の身の周りではなく、「史上最高」というものを目指していたのである。イチローのモチベーションが下がらず、ますます上がっていったのは、努力のレベル、次元が違ったからだ。

悔しいが、3085本は通過点であり、もはや4000本、4500本の世界を彼は想定して練習していったに違いない。

前人未踏の記録を破るということは出来るだけポジティブな気迫をキープするということである。イチローは間違いなくそれをしてきた。

第5章

一打一生

「いまを超える力」の発露

ご存知の方も多いと思うが、私の右手には障害がある。

4歳のときの大やけどが原因だ。

韓国人の両親が、兄と二人の姉、そして母のおなかの中にいた私をともない広島へとわたって間もなく、太平洋戦争が勃発した。

戦渦が日本各地に及ぶ頃には、食料事情も悪くなっていた。

だから当時の子どもたちは、自分たちの手で空腹を満たそうと、自生するサツマイモを掘り当てては、それをたき火に突っ込んで焼いていた。

そして焼けたホクホクのサツマイモは、みんなで分け合って食べるのが常だった。

その日も私は、そうした日常風景の中でサツマイモが焼けるのを待っていた。

すると私たちの後方に止まっていた1台のトラックが、突然バックしてきたのだ。

当時のことだから、バックミラーもついていなかったのだろう。私は強い衝撃とともにトラックに背中を押され、気づいたときには右半身は火の中だった。

やけどは右側の頬から顎、そして胸へと及んでいたが、幸いなことにその痕跡は時間の経過とともに消えていった。

しかし身をかばおうとして、火の中深くについた右手だけは無傷というわけにはいかなかった。指はすべて内側に曲がり、薬指と小指はくっついて固まり、小指の先にいたっては焼失してしまった。

生来右利きだった私が「左利き」になるのはここからなのだが、プロ野球の世界へと進むことになる私は以後、この不自由な右手と全野球人生を懸けて徹底的に闘うことになる。

また同じ年に、私は当時2歳だった妹を病気で亡くしている。

そして5歳のときには被爆し、大好きだった長姉を失った。彼女以外の家族はかろうじて難を逃れることが出来たのだが、勤労奉仕で出かけていた長姉だけは、爆風と熱線をまともに浴びてしまっていたのだ。

すらっと背が高くて色白の長姉は、私の自慢の姉だった。

しかし数日後、ぶどう畑に避難していた家族のもとに運ばれてきた姉は、全身ケロイドで見る影もなかった。

「熱いよ」「痛いよ」とうめき続ける姉のために、私はぶどう畑にわずかに残った粒をもいできて、姉の口にあてがった。

そのとき汁が出たのか出なかったのかはわからない。

しかし家族全員が、たとえようのない悲しみに打ちひしがれていたことは、5歳だった私にも鮮明な記憶として焼きついている。

私たち家族の不幸は、これで終わらなかった。被爆し、姉を失った私たち家族は、韓国に引き揚げることになった。

そこで、まずは父がひと足先に韓国に戻り、落ち着いたら私たちを呼び寄せることになった。しかし後日、韓国から届いた便りは、私たちが予想だにしなかった事実を告げていた。

韓国で父が病死したのである。

幼い頃の出来事とはいえ、こうした数々の不幸は私に大きな影響を与えた。

さすがに、当時は「無常」という言葉など知り得るはずもないのだが、それでも「人の人生なんて儚《はかな》いものだ」「明日の命なんて誰にもわからない」ということだけは、年齢を重ねるごとに私の胸に深く刻まれていった。

みなさんに、私たち家族のような不幸が訪れないことを心の底から祈っている。

しかし人生が無常であることは、逃れようのない事実だった。

だからこそ、たとえ自分の思うようにならなくても、すぐに諦めたり、投げやりな態度を取ったりということだけは、してほしくないのである。

自ら選んで就いた職業とはいえ、いつも楽しいことばかりではないはずである。むしろつらいことの方が多いことだろう。

それがまぎれもなく世の中の仕組みというものだ。

プロ野球選手たちよ、誰もが君たちのようになれるわけではない。言わばきみたちは選ばれた人たちなのだ。

自分を信じ、自らを鍛え、見る人に感銘を与えられるような存在になってほしい。

人生は不条理であるということの意識を持つことが出来るだけでも、必死になって頑張れるはずだ。

巨人軍水原監督と高校時代に出会う

1957年のことだ。

私がまだ浪商高校の2年生の頃だった。おそらく1学期が終了する間際だったと記憶している。

中島春雄先生と野球部後援会の副会長に、学校の近くにある喫茶店に呼び出されたのだ。

喫茶店「ランブル」に行くと、中島先生や副会長とともに、ソフト帽を被った紳士が私に声をかけた。

「巨人に入らないか」

その紳士は、テレビで見知っている読売巨人軍監督の水原茂さんであった。コーチスボックスでしょっちゅうブロックサインを出していたので、よく覚えていた。

私は、突然憧れの巨人に勧誘されて当惑していた。

聞けば、中島先生と水原監督は、シベリア抑留時代に辛苦を体験した戦友であった。当時、水原監督がサウスポーを探しており、中島先生の手紙で私のことを知ったということらしい。

いまでも、鮮明に覚えているのは、水原監督が「左手」を出してみろといって、水原監督と左手の大きさを比べたことだ。

意外にも監督の方が大きかった。監督は元ピッチャーで、指が長いのが自慢だったと後に聞いた。

とにかく、夢のような話だが、ここで巨人入りとなれば、高校中退ということになるので、兄に相談の手紙を書いた。

「とても、ありがたい話だが、せめて高校だけは卒業してほしい」

という兄からの返事が届いた。

私は、中島先生にその手紙を見せた。その後、「立派な兄さんだな。卒業するまで、待っているよ」という、水原監督からの手紙が届いた。

水原監督は、1950年から三原監督の後任として巨人の監督となった。選手兼監督であったため、この年は3位に終わるが、51年から53年までリーグ連覇・日本一となっている。

いわゆる「巨人の第2期黄金時代」を築いた名監督である。

与那嶺要さん（外野手）、川上哲治さん（一塁手）、千葉茂さん（二塁手）、広田順さん（捕手）、別所毅彦さん（投手）らの名選手を擁し、当時無敵を誇っていたが、1954年は、魔球（フォークボール）の杉下茂さん擁する中日ドラゴンズにペナントを奪われ2位となってしまった。

だが、55年も独走し、リーグ優勝。日本シリーズの相手は南海ホークス。

巨人は第1戦に勝利したものの、第2戦から3連敗し、王手をかけられる。第5戦に、水原監督は、捕手を広田さんから藤尾茂さんへ、二塁手を千葉さんから内藤博文さんへ、左翼手を樋笠一夫さんから加倉井実さんへと若手を抜擢《ばってき》する賭けに出る。

まさにこれが吉と出て、3連勝して逆転日本一となっている。

その後も3年連続、1958年まで、リーグ優勝するが、日本シリーズで三原脩さん率いる西鉄ライオンズに3連敗してしまう。

私が、水原監督と初めてお会いしたのは、この西鉄との死闘を繰り広げていた頃であった。

59年も巨人はリーグ優勝するが、今度は杉浦忠さん（投手）を擁する南海ホークスに敗れてしまう。60年は2位。

60年12月に東映フライヤーズのオーナー大川博さんに「カネは出すがクチは出さない」と口説かれて、東映フライヤーズ監督に就任した。当時万年Bクラスに甘んじていたチームであったが、水原監督は就任1年目に南海ホークスとシーズン終了間際まで死闘を繰り広げ、優勝争いを演じた。

結果は2位であったが大健闘した。

私が水原監督と再会したのは、61年のシーズン後であった。だが、高校2年の中途で投手としては肩を痛めて、私はすでに打者に転向していた。

打撃成績が良かったので、高校卒業後、10球団くらいからお誘いがあり、巨人も加わっていたのだが、途中で早々と降りた。

後で聞いたところ、当時のオーナー品川主計さんと水原監督とが犬猿の仲であったらしく、水原監督の欲しがる選手はことごとくキャンセルさせられたらしい。

だから、「花のお江戸」にあるもう一つの球団、東映フライヤーズに私は59年に入団したのだった。

水原監督が来られたのは、私が入団3年目のときだった。何かの巡り合わせなのかもしれない。縁があったのである。

水原監督が巨人を離れ東映フライヤーズに来られる前の監督は浪商の先輩である岩本義行さんだった。

岩本さんは、東映フライヤーズが「強化3カ年計画」を打ち出した最初の監督で、１９５６年に監督に就任した。当時はプレーイングマネージャーであったという。45歳5カ月でホームランを打って（現在もプロ野球最年長記録）、現役は１９５７年で引退。

だが60年まで5年間監督を務め、毒島章一さん、土橋正幸さん（投手）、山本八郎さん（捕手ほか）ら錚々たるメンバーを率いて、58年には、オールスターに5人の選手を送り込んだそうだ。

59年には、高卒ルーキーの私を抜擢していただき、見事球団初のＡクラス入りを果たす。

60年まで、チームのメンバーはアンちゃんという愛称で言うほど親密であったが、５位という成績で責任をとって退団。そんな経緯があって、私は岩本監督にも可愛がられたが、61年のシーズンで、チームは一変した。

春のキャンプの前に訓示があった。

これまでの2年間のキャンプとはまったく違っていた。練習内容が厳しい。一通りメニューが終了しても、特打があり、ランニングがあり、とにかくハード。貼り紙でその日のトレーニング内容を貼り出す。

オープン戦、ゲームもこれまでと違っていた。とくにオープン戦で感じたのは、戦い方、選手の起用法が上手く絶妙だということだった。

このチャンスにはこの選手、このピンチにはこの投手、守りの要にはこの選手、といった具合にピタッとキマる。

選手として、私は全面的に水原監督を信頼した。

当時の主力打者の一人であった山本八郎さんを二軍に落とした。とりわけ、これには驚いた。

山本さんは浪商出身で、巨人の坂崎一彦は同期のスラッガー、強肩でいいキャッチャーだったが、「暴れん坊」という異名があるくらいで、歴代の監督が「腫れ物」にさわるように扱ってきた。しかし、水原監督はバッサリ二軍に落としてしまった。

こういう存在はチームが勝つためにマイナスである、と判断したからだと思う。「野球は団体競技だ。一人でも自分勝手な選手がいればチーム力が衰えるんだ」という持論だった。

また、のちにセ・リーグ審判部長もやられた内野手だった久保田治さんをピッチャーに転向させた。しかも60年まで中継ぎ、敗戦処理だった投手を61年に先発に起用した。これが大成功し、この年25勝し、土橋さんと並ぶエース格となった。

しかも翌年も16勝し、・212で最優秀防御率賞を獲った。

やはり、キャンプやオープン戦を通して見抜いたのだと思う。

この水原監督になって初めての年（61年）2位と10ゲームくらい離して、独走していたので、当時「西銀座シリーズ」ということで、優勝を前提に巨人の選手と雑誌の対談までした。

こちらは、土橋さんと私、巨人は長嶋さんといったメンバーだ。

ところが、アッという間にひっくり返されて、南海ホークスが優勝したという苦い思い出がある。

さすがに相手チームの胴上げなんか見たくなかったけど、「残れ！」と水原監督の一喝で、全員ベンチに残って、胴上げを見ることになった。これほどの屈辱感はない。悔しくて、悔しくて……。

この悔しさがバネになって翌年日本一になったのだと思う。

とはいえ、すべては、監督の采配でチームはまとまっていくものだ、ということを学んだ。

とりわけ、水原監督は奇襲とか勝負にかける執念がものすごく強かった。ここぞ、という場面では、ほとんど成功した。

「義務」と意識が自分と組織を大きく育む

水原監督が来られる前の東映フライヤーズと以後ではどう違ったのだろうか。以前の東映だって、毎年優勝争いが出来るほど戦力もあった。

だが、ピッチャーもバッターも個人プレーに血道を上げていた。

ピッチャーは「1勝すれば、なんぼ」、バッターは「1本打てば、なんぼ」といった具合にバラバラのチーム状態であった。

だが、水原監督が来られてからは「勝つためのチームプレー」を徹底的に要求された。それに従わない選手は、たとえ主力選手でも容赦しなかった。

選手間の不満は溜まる一方だった。それでも、その年に2位、翌年は日本一となった。本当のチームプレーとは何か、チームワークとは何かを身を持って体験したわけである。私は水原監督の考え方がチームの一人ひとりに浸透していったからだ、と見ている。

水原監督の考えとは何か？

「本当のチームワークとは、一人ひとりの自分に与えられた義務をまっとうした結果である」と。

この教えがすべてであった。一般に言われる「人の和」とか「団結」などという甘っちょろいものではない。「自分に与えられた義務」。すなわち、「技術」や「役割意識」に支えられたチームプレーが基礎となった考え方なのである。

そこには「仲良し意識」とか「和気あいあい」といった通念などどまるでない。

この考えは斬新であったし、私自身が納得出来るものであった。

一番重要なことは「自分の役割をまっとうすること、それには可能にする技術を磨くしかない」。

チームワークが人間の好悪で左右されるなら、人あたりのいい人間しか通用しない。だがプロの世界ではそれでは、通用しない。

これなら、私は納得出来る。犠牲バントだってやる。そう思った。

実際、この考え方がチームに浸透してから、チームは驚異的に強くなり、選手個々のレベルはかなりアップした。

「チームワーク」という名のまやかしを名将・水原監督は見抜いていたのだ。

水原監督は「勝負師」「球界のダンディー」と呼ばれ、どこかクールなイメージがあった。実際に私なども「守備固め」ということで、勝ちゲームの後半になると、「守備が下手だから」という理由のもとに、レフトの守備位置につくや、ファンの前をすごすごとベンチに引き下がったことが何度かある。そのたびに悔しい思いをした。

その反面、1962年に東映フライヤーズが初優勝し、その原動力の一人となった私がMVPの候補者になったときに、球界の一部にあった「張本は韓国人だから……」といった声を一蹴する発言をしてくれたことがある。

「野球に国籍などない！　最高殊勲選手は優勝チームから選ばれて当然だ」と。

これは嬉しかった。

水原監督とは？　と考えると、やはり「真のプロフェッショナル」だと思う。彼にとっては、つまらぬ私情や偏見、安っぽい友情なんて取るに足らない、どうでもいいことだったんだと思う。

プロはプロらしく実力の世界で勝負すればいい、と考えていた節がある。だから、たとえチームの四番打者であっても、守備に不安があれば守備のプロに託し、容赦なく交代させたのである。

国籍の問題など論外で、グラウンドで実力を発揮すればＭＶＰにふさわしい選手だと評価したのだ。

水原監督が就任されて、チーム全員にこう言った。

「グラウンドでは狼たれ！　だが、ひとたびグラウンドを離れたら、一人の紳士たれ！」

当時の東映フライヤーズは、私も含め暴れん坊ぞろいで、チームプレーなどおかまいなし。「ヒットを打ちゃいいんだろ」「三振に切ってとれば年俸が上がる」といった個人のことしか頭になかった。

水原監督は私にこう言ったことがある。

「ハリよ。大選手になるためには、ただグラウンドでボールを追い、バットを振っているだけではダメだ。進取《しんしゅ》の精神、野望、機敏性、そして大人物にふさわしい態度を身につけていなければいけない。別にグラウンドで人格者になる必要はない。狼でいい。負け犬だけにはならないことだ。そして、いったんグラウンドを離れたら、社会に通用する紳士になる──それが本当の大選手なのだ」と。

まさに至言である。

魔術師三原監督

水原監督と因縁が深いのが、三原監督である。1949年に水原さんがシベリア抑留から復帰し、ファンや選手から、水原さんのプレーを期待する声が高まった。だが、三原監督は水原さんを起用しなかった。功労者である水原さんを起用しなかったことから、チーム内から批判がおき、シーズン終了後、巨人の選手たちが、水原さんを監督に擁立しようとした「三原排斥運動」が起きた。この結果、球団の人事は「三原総監督、水原監督」であった。三原さんは監督を辞任して、「総監督」になったのだ。

一方、監督となった水原さんは、三原監督交代に否定的だったという。

同年オフ、三原さんは西鉄クリッパーズにいた元巨人の川崎徳次さん（投手ほか）の仲介で、西鉄クリッパーズと西日本クリッパーズが合併して出来た新球団、西鉄ライオンズの監督に就任した。

「巨人総監督時代」の悶々とした気持ちを晴らすために、西鉄を日本シリーズで巨人に勝って日本一のチームにしよう、と誓ったと言う。

三原監督は早速、球界屈指の大スターであった大下弘さんを獲得し、豊田泰光さん（遊撃手）、中西太さん（三塁手）、稲尾和久さん（投手）ら若手有望選手を獲得し、大下さんを中心としたチーム作りを目指した。

54年にリーグ優勝し、セ・リーグは巨人ではなく中日が優勝したのだが、結局、日本シリーズでは中日に3勝4敗で敗れた。

だが、2年ぶりに56年にリーグ優勝を果たすと、日本シリーズの相手は巨人。マスコミは「巌流島の決闘」とキャッチフレーズをつけ、ファン意識を高揚させた。この年、西鉄は4勝2敗で日本一になり、以後、3年連続で巨人と対戦し、いずれも、水原巨人を破り、日本一となった。

この三原監督がチームを掌握するのに、どのような戦略があったのだろうか？　意外にも放任主義であった。

しかも、徹底した放任主義を貫いた。

中西さん、大下さん、稲尾さん、豊田さん……。いずれも、超猛者ぞろいの西鉄ライオンズの選手たち。「管理野球」などやりようがない。

このメンバーを束ねて、巨人を下して3連覇したのだから恐れ入る。

では、三原監督の放任主義とは？

1958年の日本シリーズでのエピソードがいい例である。巨人に3タテ（連敗）をくらい、崖っぷちまで追い込まれた状況のときだ。ふつうであれば、外出禁止令を発し、緊急ミーティングなどを繰り広げている状況だ。

三原監督は、このとき、完全自由行動日とした。その結果、巨人に4連勝、日本シリーズ3連覇を果たすのだから恐れ入る。

だが、この「放任主義」をもう少し、掘り下げて考えてみよう。

門限なし、と言ってはいたが、ぞろぞろと選手たちが帰ってくる頃、宿舎に入る一つしかない入り口の一室で三原監督は碁を打っていて、選手の行動をそれとなくチェックしていたという。こういったプレッシャーをさりげなくかけるのがうまい。

三原監督の腹の中は推測出来る。

「酒を飲もうが遊びまわろうが君らの自由だ。試合でやることさえやってくれれば、それでいい」

その通りに展開していったからすごい。「やることをやる実力が備わっている選手」だと見抜いて用いた方策だったに違いない。

その証拠に、東映フライヤーズが水原監督の後、大下さんが監督に就任したとき、三無主義――つまり、「サインなし、門限なし、罰金なし」のスローガンを打ち出してスタートしたが、結果は無惨。

最下位に転落した。大下監督は8月に休養。以後、飯島滋弥代理監督となった。

これは「放任主義」の悪い例である。

つまり、すべからく管理するのが一番だとは言えない。かといって、何でもかんでも放任すればいいか、といえば否である。

要は自軍のチームに、放任するに値する実力が備わっているかどうかを見極める力があるか、ないかだ。

これは指導者、とりわけ監督の力である。

三原魔術とか、知将とか言われた監督だが、とにかく選手個々の技量を見極めて、適材適所に起用した。

親分鶴岡監督に出会う

ライバルチーム、南海ホークスの鶴岡一人監督も、名監督の一人である。

とにかく、巧みな言葉で選手をやる気にさせるのが上手だった。たとえば、ピッチャーとの関係なども絶妙であった。

完投して、投手が引き上げると、まずマウンドまで行き、

「ご苦労さん、どうもありがとう」

と礼を言う。さらに風呂場でも、声をかけてねぎらう。

「ご苦労さん、ありがとう」

入浴後、食堂でも声をかける。

「ご苦労さん、ありがとう」

完投したら、都合3度は、お礼の言葉をかけるのが鶴岡監督だ。これでは、投手が心から監督に信頼をおいて感謝せざるを得ない。

よし、こんなに感謝されるなら、また頑張ってやろう！　といういい意味でのリズムを生んでいく。ここが監督の妙技なのだ。

1962年のオールスターゲームのときの監督が鶴岡さんであった。第1戦で五番を打っていた私に、

「おい、ハリ。この打席で1本ヒット打ってみいや。そしたら、明日は四番や」

と、鶴岡監督が私の耳元でささやいた。

この年、私は入団4年目。当時のオールスターには、中西さんや山内さんや豊田さん、

榎本喜八さん（一塁手＝元大毎オリオンズほか）ら錚々たる強打者ぞろいで、彼らを差し置いて「全パの四番」と言われたら、舞い上がってしまうのも理解いただけると思う。

だが、この打席は力み過ぎてしまい、結局平凡なセンターフライを打ち上げてしまった。絶好のチャンスを逸っしてしまった後悔でいっぱいだった。私はほかのスター選手が遊びに行くのを尻目に、宿舎に帰って何度も何度も素振りをして、悔しさを噛み締めていたのをいまでも思い出す。

そして一夜明けた翌日、球場入りしたら、何とスコアボードにある全パ先発メンバーの四番に私の名前があるではないか。

「四番・張本」

とあった。鶴岡監督は、前日の凡フライとその悔しさでの宿舎での猛練習を知っていたのではないか、そうに違いない、そう思うと涙が出てきて、嬉しさがこみ上げてきた。

この日は９回表の逆転２ランホームランを含む４打数３安打という大活躍が出来た。２本塁打、４打点でＭＶＰとなった。

「良かったな、ハリ、お前のお母ちゃんもさぞかし喜んでるやろ」

とこの日、母と兄をスタンドに招待していたのを知っていた監督が声をかけてくれたのだ。これには泣けた。

ドジャース戦法と川上監督のV9

1961年巨人の水原監督が辞任し、川上哲治さんが昇格した。55年以来、日本一を逸して、さらに60年にはリーグ優勝も逃していた。

長嶋さんだけが頼りの戦力であった。投手陣もエース格の藤田元司が肩痛の持病があり不安な状況だった。

だが、川上監督は、戦力に乏しいロサンゼルス・ドジャースが毎年優勝争いをしていることに注目した。

そこで、ドジャースのコーチが著した『ドジャースの戦法』を教科書にし、春季キャンプから実践した。

コーチ兼任だった別所毅彦さんが鬼軍曹役となり、投手陣に猛練習を課した。また、コーチとして招聘した牧野茂さん（遊撃手＝元中日ドラゴンズ）が中心となってサインプレーや守備のカバーリングなどをプロ野球で初めて導入した。

こうした努力が報われて、61年にチーム打率最低にして、20勝投手なしという戦力でリーグ優勝。さらに南海ホークスを破って、日本一となった。

そして、王が一本足打法でホームランを量産するようになると、勝負強いバッティングのミスターこと長嶋さんと打撃部門のタイトルを独占するようになり、いわゆる「ＯＮ砲」が62年に誕生。

こうして戦力が整い65年以降、73年まで9年連続リーグ優勝、日本一となり、「Ｖ９」を達成した。

この間、エース格の堀内恒夫（投手）、高橋一三（投手）、若手主力選手として土井正三（二塁手）、高田繁（外野手）らが台頭した。

トレードなどで、関根潤三（投手ほか）、森永勝也（外野手）、富田勝（二塁手ほか）らを他球団からレギュラーとして獲得した。

私は川上さんを「打撃の神様」として尊敬しているが、監督としても名監督として推挙したい。「執念の人」「信念の人」だと思う。だから「ドジャースの野球」をやる、と決めて貫いた。

後年聞いたエピソードだが、エースの掘内が神宮球場で5回裏ツーアウトまでいっていたので、もう一人投げれば、勝利投手となる権利を得る。点差だって、4点も5点も、リードしている、という状況で降板させるのが川上監督なのだ。

これは、水原監督も三原監督もやらない。川上監督だけである。

この「非情」こそ、プロなのだ。堀内ののらりくらりした投球に、川上監督は「活」を入れた。

こういう人はいないだろう。チームはふつう、午後2時頃に球場入りして練習するが、川上監督が球場入りすると用具係までビシッとしていた。チームの職員ではなく、ボールやバットを持ってくる用具係までが……。

野球評論家となってから、五輪の100m走などの実況アナウンサーであった羽佐間正雄さん、川上さん（当時・NHK解説者）らが、私を会食に誘ってくれたことがある。

そのとき、会食しながら「君は右手が不自由なのに、大記録を作って球史に足跡を残したのだから、その右手を画面で公開してほしい」という話になって、「いや、そんな見せるようなもんじゃありません」と答えた。

そのとき、隣に座っていた川上さんに、妻子にも見せたことのない右手を思わず見せて、「私はこういう右手で頑張ってきました」と言った。

すると、川上さんは「お前、よくも、この右手で」と言って涙ぐんでくれた。その後、10分も15分もみんな沈黙してしまった。

そして、私が、「川上さん、ビールをどうぞ」と言ったら、「おう」と……。

いままでで、右手を見せたのはこれきり。川上さんにしか見せたことはない。

長嶋監督と巨人での4年間

私は１９７５年12月11日、巨人入りの正式発表をした。

憧れの「ＧＩＡＮＴＳ」のユニフォームの袖を通したときは、さすがの私も武者震いがした。

東映フライヤーズ、日拓ホームズ、日本ハムファイターズとパ・リーグ一筋に歩んで来た私だが、球団事情もあって、私も含めて大杉勝男（一塁手）がヤクルトに、白仁天（外野手）は太平洋クラブ・ライオンズに、大下剛史（遊撃手ほか）も広島カープへと移籍して行った。私の名前もマスコミに上がっていたが、ＤＨとして、75年のシーズンまでプレーした。

だが、75年のシーズンオフ、9年間続いた3割を切ってしまい、新しいチーム作りを構想している三原脩日本ハム球団社長と直接会談し、「君の望む球団、プレーしたい球団があったら遠慮なく言ってくれ」と言われ、私は移籍を決意した。

阪神タイガースの吉田義男監督に相談したら、「ぜひ、来てほしい」と言ってくれた。

だが、事態が一変したのは、私がお世話になっていた東日本貿易の久保社長から連絡があり、社長宅にうかがうことになったときだ。

その席で、「巨人でプレーする気はないかね」と久保社長に言われた。巨人はもちろん、少年時代から憧れていた球団であり、高校時代には、水原監督からの誘いもあった球団だ。行きたくないわけがない。夢であった。

すると、隣室に向かって、久保社長が声をかけた。

「シゲちゃん、出てきなさい」

何と長嶋監督が隣室で待機していたのである。

この年、長嶋巨人は球団創設以来初の最下位となり、長嶋監督が戦力強化を図っているという噂は耳にしていたが、このときばかりは驚いた。

私の心は、巨人に決まった。

阪神の吉田監督には、電話でお詫びした。吉田監督は、

「君が好きなチームに入るんやからええことや」とまで言っていただき恐縮した。

こうして、長嶋巨人2年目のシーズンを迎える時期に私の入団は決まった。

翌年（1976年）、初の宮崎キャンプでのことだ。

この年、同期の王も私もプロ入り18年目の大ベテランである。王の練習ぶりをこの目で確認したくてたまらなかった。というのも、こと素振りに関しては、球界一振っていると

自負している私だからこそ、「世界のホームラン王」の練習ぶりにはかねてから関心が強かった。

約1カ月、王の練習ぶりを見て、私はある意味で負けたと感じた。バットを振り続ける回数に関してではない。

野球そのものに懸ける情熱に、負けたのである、

彼はまず、よく走った。守備練習でも「僕はあまり走ることが好きじゃない」と言いながらも、実によく走っていた。

これまで在籍した東映フライヤーズ↓日拓ホームズ↓日本ハムファイターズと、ずっと三、四番打者を務めてきた私だが、幹部が決めた練習メニューを終えてから、グラウンドを5周も10周も走ることはなかった。

さらに王はひたすら守備特訓に取り組み、また走り続けていた。これを見て、「負けた」と思った。野球選手はただバットだけを振っていればいい、という甘い世界じゃない。練習に対するあらゆる姿勢が問われる。それが、いまを超えていく力を生むのだ。

王のそれは完璧であった。私はこの場面を目の当たりにして、大きな刺激を受けた。その刺激のせいか、オープン戦の頃には、ベスト体重の83kgに2kgオーバーというところまで絞れた。

王につなぐ三番打者としての矜持

私が巨人打線に加わってすることとは、王の前を打つ「三番打者」だろう。巨人の三番打者としての私の役割を追究した。

最終的な結論はこうだ。

「王につなげる三番打者としてのバッティングをする」という矜持を持って自分なりのルールを貫徹することであった。ヒットを1試合に2本打てばOKだったパ・リーグ時代とは、もう世界が違うのである。

「塁に出る」ことだけを考えていたのではダメだ。

いろいろな試行錯誤を繰り返しながら得た結論はこうだった。

「走者一、三塁にして王選手につなげよう」と。

一番打者か二番打者かどちらかが出塁する。次が三番の私だ。

だが、私が、ヒットして一死、一、二塁とした場面で王を迎えても、これではダメなのである。王の長打力を十分に引き出すためには、ここは何がなんでも一塁、三塁にしておかなければならない。

走者一塁、三塁であれば、リラックスした気分で打席に立てるだろう。たとえカウントが追い込まれても、思い切って振り切れば深い外野フライでも1点入る。思い切って振り切るバッティングをさせてはいけない。王に当てるだけのバッティングをさせてはいけない。思い切って振り切るバッティングをしてもらってこそ活きるのだ。

私はこの場面で、センター返しをしてはいけない。ただヒット数を稼ぐだけなら、このセンター返しが一番確率が高い。だが、ランナーを一塁、三塁にするには、センター前でセンターが突っ込んでくれれば、一塁、三塁にするのは難しい。やはり、ライト方向を狙って打つのがベストだ。

私が、これまでに培ってきた技術を活かすときが来たと思った。このランナー一塁、二塁の場合、投手は我々左打者に思い切り引っ張る打撃をされたくないため、内角はボール気味に投げ、外角球で勝負してくるのがセオリーである。

外角球への厳しいシュート、私は、この球をライト方向へ打ち返すテクニックをマスターしていた。

打席の中で、いつもより少し前に出て構え、足の親指くらいのほんの短い長さだ。そして打つ瞬間、なお踏み込む。両手をいっぱい伸ばして、バットがボールをとらえた瞬間、バットの先端の角度を一、二塁間の方向へ返す。決して会心の当たりではないが、その打球はコロコロと測ったように一、二塁間を抜けていく。

この助力もあってか、王は前年ホームラン王を逸したが、この年、ふたたび獲得した。「張本君には大いに刺激された」というコメントも王からもらった。

この年、中日の谷沢健一（外野手）との首位打者争いで2位となったが、・３５４７の打率でリーグ優勝に貢献出来てとても有意義であった。だが、日本シリーズでは阪急ブレーブスに屈したのが唯一の心残りである。


１９７７年は、巨人に入って2年目のシーズンである。この年は、王の７５６号のホームラン世界記録にわいた年だ。

私も、この年こそ、首位打者を獲ろうと燃えたが、この年も私は・３４８でヤクルトスワローズの若松勉に次ぐ2位であった。またチームは2年連続リーグ優勝したものの、この年も日本シリーズで阪急ブレーブスに敗れ日本一を逸してしまった。

３年目のシーズン（１９７８年）は、スライディングで右ヒザを痛め、さらに左目に中心性網膜炎という「目の結核」を発症して、アクシデントが重なった年であった。

結果としては、１１５試合出場して、・３０９でかろうじて、３割をキープ。リーグ優勝も逸して2位であった。

そして、巨人での最後の年（１９７９年）は、左目の故障による影響で77試合しか出場出来ず、現役生活21年の中で最低の60安打に終わってしまった。これまで１００安打を切ったことなど、一度もない。それどころか、１５０安打以上７シーズンの記録もあった。だが、結果がすべてである。この年巨人は5位に低迷し、私は、ロッテ・オリオンズに移籍することになった。

だが、永遠に忘れないことが一つある。

この年のシーズン終了後の納会でのことである。すでに、ロッテ・オリオンズへの移籍が内定していたにもかかわらず、王が納会の席で、オーナーに、

「張本のことを考えておられるなら、巨人に残してあげてください」

と言ってくれたのだ。

オーナーは「君、何を言うのか、君、酒を飲んでるな？」とうろたえていたが、王は毅然とした態度で「一滴も飲んでません」と答えた。

もう、これだけで嬉しかった。胸の底からこみ上げてくる感動でいっぱいになった。これで、「ロッテ・オリオンズに行く」という決心が出来た。

王にこう言った。

「ありがとう。もう思い残すことはない。ありがとう」と。

第6章

活路の磨き方

人生は「運」が支える

「天才は1％のひらめきと、99％の努力である」

発明王・エジソンの言葉だ。

よく知られているように、エジソンは蓄音機、白熱電球、活動写真など生涯に1300もの発明と技術革新を行っている。まさに天才としか言いようがないが、その天才が「99％の努力」を説き、「ひらめき」はわずかに1％に過ぎないと言うのだから、

「努力で人生は切り開ける」

と、誰しも思ってしまう。

努力は大事だ。

だが、本当に努力で人生は開けるのだろうか？

人生経験を経た大人に問えば首を横に振るだろう。小学生にエジソンを伝記として読ませることで努力の尊さを教え、「よし、頑張ろう！」と発憤させるにはいいが、努力だけで切り開けるほど人生は単純ではない。

極論すれば、人生は「運」である。

運に恵まれなければ人生は開けない。努力で運の扉をある程度はこじ開けることは出来ても、全開にするのは無理だ。これを人生の不条理と取るか、面白さと取るかは人それぞれとしても、運が左右することは確信をもって言える。私は、ポジションを争奪する〝椅子取りゲーム〟のプロ野球界に身を置いて今年でちょうど50年になるが、人生はつくづく運が左右すると思っている。

イチローが仰木監督に見いだされたことは前章で詳しく紹介したが、オリックスの前任だった土井監督は「あんなラフな打ち方じゃ強い打球は打てない」と言ってイチローを二軍に落とした。土井さんが監督を続けていれば、いまのイチローはない。二軍にくすぶったまま、バットを置いて球界を去ったかもしれない。仰木さんが監督に就任して、イチローが開花するのは前述の通りだ。

イチローが仰木さんを監督にしたわけではもちろんない。呼んできたわけでもない。偶然であり、巡り合わせである。これを運と呼ばずして何と呼ぶのだろうか。

エジソン流に言えば、「超一流選手は20％の運と、20％の体調管理、そして60％の努力と素質」ということになる。素質を努力で磨けば60％までは大成する。それに体調管理という生活を厳しく律する克己心があれば80％――すなわち一流選手には何とかなれる。だが、残り20％の運がなければ、決して超一流にはなれない。

これがスポーツ界であり、人生であると私は思っている。

　私も運に恵まれた。来《こ》し方を振り返ってつくづく思う。イチローが仰木監督に出会ったように、私は東映フライヤーズに入ったことが好運だった。浪商を卒業するに際して、私は東映のほか中日ドラゴンズからもお声がかかっていた。中日の契約金は６００万円。一方の東映は弱小球団なので２００万円。３倍の開きがあった。１００万円で家が建つ時代の６００万円だ。家が六軒建つ。いまの貨幣価値なら数億円にもなるだろう。２００万円にしたって、高校生の私には想像もつかない金額だった。家が貧しかったので、一所懸命に私の学資の面倒を見てくれていた兄貴は中日に行かせたかった。

　だけど私には東京への憧れがあった。いまでも東京は〝花の都〟だが、いまから60年前の東京は憧れで、そこでプレーしたかった。兄貴は私の意を汲んでくれて東映に入団。契約金で母親のために家を建てる。

　これがもし中日に入ったらどうだったか。いい外野手がたくさんいたので、私の出番はなかっただろう。しかも東映の監督は、私と同郷（広島県）の岩本義行さんである。目をかけてくれた。６００万円を手にして中日に入っていたら、おそらくのちの私はなかっただろう。運としか言いようがない。

　問題は、運をどうやって引き寄せるか。結論から言えば、一つの道を歩き続けるひたむきさだと思う。イチローも私も、野球が好きで好きでたまらなくて一所懸命やってきた。これが運を呼び込み、運を味方につけ、それをステップに努力し、それがさらに運を呼び込むのだろうと、これは私の経験則である。別の言い方をすれば、運と努力をクルマの両輪として駆け抜けていくということになる。

運には実体がない。

「はい、これが運です」

と言って見せられるものではない。

しかも、渦中にいるときは運に恵まれているのか、不運に見舞われているのかがわからない。時間が経ち、そのときを振り返ってみて、

「あれが運だったんだ」

と気がつく。

だから自分を信じ、目標に向かってひたむきに歩き続けることが大切になってくる。イチローは〝振り子打法〟を信じ、ひたむきにそれを貫くことで仰木監督という運を引き込んだ。

私は小心者で、4打数3安打を放っても「明日は打てないかもしれない」という不安に襲われ、だからひたむきに毎晩、バットを振った。振り続ければヒットが打てると自分を

信じるがゆえのことなのである。運という女神は、ひたむきな人間に微笑みかけるというのが、私の変わらぬ思いである。

一流の証は総じて「小心で臆病」

不安のことについて触れたので、もう少し詳しく書いておきたい。

引退記者会見で、「今回の決断以前に引退のことを考えていたことはあるか？」と問われて、イチローはこう答えた。

「引退と言うよりは、クビになるんじゃないか、はいつもありましたね。ニューヨークに行ってからはもう毎日そんな感じです。マイアミでもそうでしたけど。ニューヨークというのは、みなさんご存知かどうか知らないですけど、特殊な場所です。マイアミもまた違った意味で特殊な場所です。だから毎日そんなメンタリティーで過ごしていたんですね。クビになる時はまさにその時（引退）だろうと思っていましたので、そんなのしょっちゅうありました」

イチローがさらりと言ったので、この言葉に引っかかった人は少なかったのではあるまいか。超一流選手のイチローですら、「クビになるのではないかという不安がいつもあった」ということを言っているのだ。

日米を問わず、シーズオフになるとクビを恐れる選手はたくさんいる。野球しか知らず、手に職があるわけではない。野球界から放り出されればどうやってメシを食っていくのか。戦力外を通告されたらどうしようと考えるだけで、胸が締めつけられるだろう。

イチローの場合は経済的な不安はないにしても、「超一流」という看板の重みに苦しみ、クビになるのではないかという不安と隣り合わせでプレーしている。ここにプロの厳しさと、それに耐え、バネにしてきたイチローの本音を私は聞いた気がした。

イチローの不安は、私にはよくわかる。いや、イチローだけではない。「日本プロ野球名球会」は打者なら通算2000本以上、投手は200勝以上、あるいは250セーブ以上の偉業を達成した選手だけに入会資格があり、名球会入りは一流選手の証でもあるが、私を含め、彼らは総じて小心で臆病である。

「打てなくなるんじゃないか」

「押さえられなくなるんじゃないか」

と、バッターもピッチャーも、たえず不安にさいなまれている。

だから必死で練習する。より高みを目指して練習するというより、不安にかられ、いてても立ってもいられなくなって練習するのだ。

私は図太い神経の持ち主のように見られているが、とんでもない。野村克也さんが現役でマスクを被っていたころ、対南海ホークス戦でこんなことがあった。

この日は調子がよく、私は4打席3安打。そして5打席目。きわどいコースだったが、ボールと見て見送ったところが、

「ストライク!」

アンパイアが右手を突き上げた。

「どこがストライクなんだ!」

声を荒げて抗議すると、野村さんが例の口調で、

「ハリ、オマエはなんぼヒット打ったら気がすむんや」

ボソリとつぶやいた。今日は3打席もヒット打っている。そうとんがるな、という揶揄であり諭しであったのだろうが、

「うるせ!」

私はすかさず言い返し、

「明日、ヒット打てるという保証はないじゃないか!」

食ってかかったものだ。

どんなヒットを打っても、ホームランを打っても、私は素直に喜べなかった。

（たまたま打てただけであって、明日、対戦チームのエースが登板したら4タコにされるかもしれない）

そう思うと不安がもたげてきて、球場から自宅に帰ると、日課にしている300本の素振りを350本に増やしたりするのだった。

イチローのストイックな練習とモチベーションは、「クビになるんじゃないか、はいつもありましたね」という一語に集約されている。イチローもまた、不安に突き動かされていたのだろう。

私は年代的なこともあって大リーグの経験はないが、打てなくなったときのプレッシャーたるや、日本国内でプレーしていたときの比ではあるまい。アメリカの野球ファンについて、イチローは記者会見でこう語った。

「アメリカのファンの方は最初はまあ厳しかったですよ。最初の2001年のキャンプなんかは〝日本に帰れ〟としょっちゅう言われましたよ」

「ニューヨークは厳しいところでしたね。でもやれば、それこそどのエリアの人よりも熱い思いがある。マイアミっていうのはラテン文化が強い地域で、圧はそれほどないないんですけど、でも結果を残さなかったら絶対に人が来てくれないという。そんな場所でした」

この大プレッシャーをバネとして自分を追い詰め、イチローは日米通算4257安打という世界記録を打ち立てるのである。

夢を追えば急峻をよじ登っていくしかない

イチローの練習熱心さはオリックス時代からよく耳にしていた。個人的に付き合いがあったわけではないので、彼が当時、どんな練習をしていたか具体的には知らないが、仰木監督から聞くところでは、打てなくなったらすぐ練習場行ってコンコン打っていると言っていた。大リーグに行ってからも、打てなくなったら黙々と一人でバッティング練習をやっていたと聞いている。

私も現役時代、バッティングに不安をおぼえると、家で食事をしていても途中で席を立ち、バットを振りに別室に行く。20本、30本と振ってテーブルに戻る。箸をつけながら、明日対戦する相手チームの先発ピッチャーのことを考え、

(ひょっとしたら、○○が投げるかもしれない)

そう思うと、再び席を立ち、○○投手を想定して素振りをする。こういうことを何度となく繰り返すのだ。

これにはさすがの女房もあきれて、
「ちょっと、食事のときくらい落ち着いて食べたらどうなの」
と小言を言ったものだ。

前章で、700本塁打にあと1本と迫りながら足踏みした王の話を紹介した。試合から宿舎の旅館に帰ると、王は朝の5時まで素振りをしていた。イチローもそうだし、王も私もそうだが、結局、バッターは黙々とバットを振ることでしか現状を変えることは出来ないのだ。気分転換もときには必要だろうが、多くはそれが〝逃げ〟になってしまっているのではないだろうか。壁にぶつかったら迂回せよと何かの生き方本に書いてあったが、迂回して壁を越えられる保証はどこにもない。私に言わせれば気休めであり、逃げである。そんなヤワな気構えではプロの世界は絶対に通用しない。壁にぶつかったら爪を立て、渾身の力でよじ登っていく以外に道はないのだ。

もちろん、それは苦しい。

このことはイチロー自身が誰より知っている。少し長くなるが、記者会見での次の発言をじっくり味わっていただきたい。耳で聞けばそのまま聞き流してしまうような言葉だが、その一言半句にイチローの野球に取り組む姿勢、そして困難にぶつかったときの「活路の磨き方」が見えてくる。

「子供の頃からプロ野球選手になるのが夢で、それが叶って。最初の2年くらいですかね、一軍に行ったり、二軍に行ったりというときは野球が結構楽しかったんですよ。仰木監督に出会って、レギュラーで初めて使っていただいたわけですけども、この年まででしたね。楽しかったのは。

あとは急に番付を上げられちゃって、一気に。それはしんどかったです。やはり力以上の評価をされるのはとても苦しいんですよね。だから純粋に楽しいなんていうのは、もちろんやりがいがあって、達成感を味わうこと、満足感を味わうこと、それはたくさんありました。

ただ、楽しいかっていうと、それはまた違うんですよね。そういう時間を過ごしてきて、将来はまた楽しい野球をやりたいなと。これは皮肉なもので、プロ野球選手になりたいという夢がかなった後は、そうじゃない野球を夢見ている自分が、ある時から存在したんですね」

男の夢は険しい山頂にある。夢を追えば急峻をよじ登っていくしかない。この覚悟を持てるかどうか。夢を追うとは、自分が試されることでもあるのだ。

自己管理抜きにして志は達成出来ない

イチローの体調管理が徹底していることはよく知られている。野球にマイナスになることは一切やらない。女、酒、バクチは昔から〝男の三拍子〟と言われるが、イチローがそれらに興じたという話は聞いたことがない。

人生観に正解はなく、

「そんな人生で楽しいのか？」

と懐疑する人は、享楽に生きればよい。

だが志を立て、それに邁進《まいしん》しようとするなら、享楽などもってのほか。徹底した自己管理を抜きにして志など達成出来るわけがない。先に努力と素質で60％、運が20％で、体調──すなわち自己管理が20％だと書いたが、自己管理ほど難しいものはない。これが〝他人管理〟であれば、叱責するのは他人なので甘えは許されないが、自己管理であれば、厳しく律するのも甘えを許すのもすべて自分ということになる。

ここに難しさがある。

かく言う私も、若気の至りで自己管理に失敗した苦い経験がある。

高卒ルーキーの私は入団1年目からスタメンで起用された。前述した通り、野手のそろった中日に入団していたらこうはいかなかったろうが、幸先よく私のプロ野球人生は始まった。2年目には打率3割を越え、3年目には3割3分6厘で首位打者のタイトルを獲得。4年目にはリーグ優勝して私はMVPに輝き、日本シリーズも制した。年俸は跳ね上がるし、優勝ボーナスはもらえるし、ヨーロッパ一周旅行にも招待される。「東映の張本」は有名人で、銀座に繰り出せばチヤホヤされる。22歳の若造はすっかり舞い上がってしまったのである。地に足がつけば「自信」で、舞い上がれば「慢心」になる。両者は似て非なるものだが、若い私には気がつかない。

それでも、シーズンオフの日課にしていた300本の素振りは欠かさなかったが、早く銀座に繰り出したい一心で、数合わせのようにパッパッとおざなりに振って、

「さあ、夜の銀座に出撃!」

そわそわと夜のネオン街に出かけていく。

手を抜いたツケは翌シーズンになって現れる。3割を切って2割8分。有頂天というのは怖いもので、それでもまだ目が覚めない。頭から冷水を浴びせられたのは、王のフリーバッティングだった。

前章で紹介したように、王と私は同じ年ということからリーグは違っても親しくしてい

世界の王とアジアの張本と

2015年キャンプで王さんが756号を放った時の写真をプリントしたTシャツを着て球場入りするイチロー。左後で飛び上がっているのが張本さん。

た。王は前年に一本足打法を完成させ、初のホームラン王を獲得していたので、この年のオールスター戦のおり、どんな打ち方をするのか見に行ったのである。と言っても冷やかし半分。私はすでにMVPに輝く選手だったので、正直言って、王を少しばかり見下す気持ちがあった。

ところが王のバッティングを見て愕然とした。快音を響かせ、鋭い打球がスタンドに突き刺さるように飛んでいく。

「すごいじゃないか」

思わず口にすると、

「何言ってるんだ。ハリだって去年はそうだったじゃないか」

王に言われて私はショックを受けたのだった。

宿舎に戻ると、私はバットを振った。昨年は素振りすると、ビュンという空気を切り裂く音が聞こえていた。絶好調のときは、さらに鋭い音がバットのスピードより遅れて聞こえた。300本振ってわずかに5、6本だが、それだけスイングのスピードが上がっているのだ。ところがこの夜は、その音がまったく聞こえなくなっていた。銀座に早く行きたくて、おざなりに素振りをしてきたツケだった。

(このままではプロでメシが食っていけないのではないか)

22歳の若造が初めて不安に震えた瞬間だった。

不安と恐怖感にケツを叩かれるようにして、私は自宅でも遠征先でも毎晩、真剣に素振りを始めた。本来の打球を取り戻すのに2年を費やす。慢心し、天狗になり、有頂天になった影響で、私は二度、打率3割を切っている。自己管理がきちんと出来ていれば、15年連続3割という記録を立てることが出来た。私がいまも引きずる後悔であり、自己管理の難しさを肌身で知るがゆえに、イチローの修行僧のようなストイックな生活態度に敬意を表するのだ。

イチローの健康管理哲学

バッターは打球を飛ばすことが仕事だ。フォームはそのための手段である。どんなに華麗なフォームであっても、結果につながらなければ意味はない。ところが打者は、これまで継続してきたフォームに固執する。

（変えることで、いまより数字が落ちたらどうしよう）

という恐怖心があるからだ。

これを心理学では「現状維持バイアス」と言うのだそうだ。私は心理学は門外漢だが、私流に解釈すれば、「現状を変えることによって起こるであろうリスクを忌避し、現状を維持しようとする心理」ということになる。たとえば会社に不満があっても、なかなか転職に踏み切れないのはまさに現状維持バイアスによるもので、転職にリスクが伴うことを考えれば、多少の不満があっても我慢したほうがいいと考えるのが私たちだとする。前章で松井を例にあげ、片足を上げて打つフォームを彼が直せなかったことについて詳しく説明したが、これもまた現状維持バイアスなのである。

ところがイチローは違う。〝振り子打法〟にこだわり、これを頑として変えないのは結果を出しているからだ。「打つ」が本質であり、結果を出している以上、フオームを変える必要はまったくない。反対に、松井のように結果が出なかったり、欠点を修正すればもっと打てるという場合は変えるべきだ。

だからイチローは〝振り子打法〟でいい。これにこだわるべきだが、彼の非凡なところは、「フォームの修正能力」である。メジャーの球質は重く、大男がマウンドから腕をしならせて投げ下ろす球は、従来の〝振り子幅〟では差し込まれてしまう。そこでイチローはそれに対応するため、振り子の幅を小さく修正してみせたのである。

プロ野球選手でなければわからないだろうが、フォームを変えるのは、「打てなくなったらどうしよう」という恐怖との戦いであり、とてつもない勇気がいるのだ。「大リーガーの球を経験して、彼はバッティングを修正した」と書けば簡単そうに聞こえるが、とんでもない。バッティングというのは、腹をくくらないかぎり、変えられるものではないのだ。

そして、身体にしみついたフォームは、変えようとしてもなかなか変えることが出来ない。私はスタンスを狭くしようとしたことがあるが、なかなかうまくいかない。無意識にバッターボックスに立つと、いつのまにかスタンスが広がってしまう。

そこで私は、バッターボックスに入る前にバットでスタンスの広さを測ることにした。これなら間違いはないが、バッターボックスに入るまでに時間がかかる。それであるときキャッチャーの野村さんから、

「ハリ、何やっとんのや、はよ入らんかい」

と叱られてしまったが、私は「すみません」とあやまりながらも、それを繰り返した。それほどにフォームを変えるというのは微妙で難しいものなのだ。

ところがイチローは「打つためにフオームはどうあるべきか」という本質に則って、きちんとフォームを修正していく。２００９年12月、36歳のイチローがスポーツニッポンの単独インタビューで、こんなことを語っている。

「野球はいろんなものが進化している。時代とともに前に進んでいくのは当たり前のこと。

選手寿命だけがなんとなく40歳前後というのはおかしいと思いませんか？　僕は許せないんですよ。40だからああなって、50だからこうだろうっていう。単純に野球を長くやりたいというのはありますけど、先輩たちが打破出来なかったものを僕たちが崩していく。おかしな価値観や概念を壊していくことも大事なことだと感じています」

イチローは50歳まで現役でプレーしたいと公言するなど、年齢にこだわりを見せていたが、私は「進化」という言葉に注目した。進化とは変化のことであり、このことに躊躇しないイチローだからこそフォームに修正を加え、成績を残すことが出来たのだと納得したのである。

かつて地球に君臨した恐竜は環境の変化についていけず絶滅した。進化論を持ち出すまでもなく、環境に応じて進化した動物だけが生き残っていく。野球も、そのほかの仕事もそれと同じではないかと私は考えるのだ。

よく知られているように、イチローは同じものを食べる。朝食にカレーを食べているときは毎日カレー。引退記者会見で、ホームでの試合のときはゲーム前に、弓子夫人がにぎったおにぎりを食べると語っていた。食べたおにぎりの数が２８００個くらいだというから、すさまじい凝りようである。毎日、同じものを食べることによって、それを受け入れる体調の変化が読み取れるということのようだが、この健康管理は自分自身を成長させ、変化させ、進化させるために「食べ物を変えない」ということになる。「自分を変えていくために、変えない」というイチロー流の哲学を感じるのだ。

イチローのあとに続く男たちへ

現役を引退したイチローがこれからどういう道を歩むのか。日本の、いや世界の超一流選手だけに、日米のメディアは注目するだろう。おそらくマリナーズは、ニューヨーク・ヤンキースが松井にそうしたように、イチローに何かしらの肩書きをつけてチーム内に置こうとするだろう。球団経営というビジネスからすれば、十分に考えられる。

だけど私は日本の一野球人として、イチローにはそうなってほしくない。日本に帰ってきて、日本野球界の発展のために12球団の巡回コーチをやってもらいたい。２月のキャンプは沖縄に11球団が集まるからそこで指導し、オリックスは宮崎でキャンプを張るからそこへ行ってもらう。キャンプだけでなく、シーズン中でも球団からオファーがあれば指導する。日本球界のためにそうしてくれてこそ、大リーグで活躍したことが生きてくるのだと思う。こういう発想をする人間は、残念ながら私しかいない。日本野球界全体で考えるべき重要なテーマではないだろうか。

日本の至宝であるイチローは一球団の監督にするべきではない。あれだけの男が12球団の指導に行く。想像しただけでロマンがあって痛快だと私は思っている。

イチローが引退したいま、イチローに続く期待の二人――大谷翔平と菊池雄星について私の見立てを述べておきたい。

大谷の〝二刀流〟は向こうでも注目されている。非凡であることは間違いない。だけど選手寿命が短いのではないかと懸念する。背が二メートル近くてあって、いまは太っていないが、走り込みをしていないので、これからだんだん太ってくるだろう。それが心配だ。どんなスポーツでも下半身が中心であることは言うまでもない。野球もそうだ。バッターの場合、上半身だけ鍛えておけば球が飛んでいくと思っていたら大間違い。王の腕力は、腕相撲の強い女の子に負けるほど非力で、下半身で打っていた。そのことが、いまの選手にわかっていない。

そんなことをもろもろ考えると、大谷はもったいないと思う。私はいまでも〝二刀流〟には反対だ。ピッチャーでやってもらいたい。そのためにも、もっともっと走り込まなければならない。倒れるぐらい走り込まないと、選手寿命は短い。いまのままだと十年持つかどうか。またケガをするだろう。投打のどちらを選択するにしろ、両方やるにしろ、一にも二にも走り込むことだ。イチローのように練習がすべて。強い強靭な身体を作ってもらいたい。

菊池雄星投手は、あれでやるだろう。アメリカのピッチャーは荒いし、バッターもへなちょこが多いので10勝でもするだろう。向こうのピッチャーで、菊池ほどの速い球を投げる者はいくらでもいるが、コントロールがない。だから菊池のようにコントロールよく、かわすピッチングをすれば、田中将大、ダルビッシュ有、前田健太ぐらいの成績は残すものと期待している。

あとがき

日本のプロ野球選手が大リーグを目指すのは、メジャーで力量を試してみたいというアスリートの本能と同時に、金銭の魅力がある。年俸が日本の10倍となればこれは魅力だ。

「このままでは日本の優秀選手が流出する」

と、ことあるごとに警鐘を鳴らし、大リーグへとなびく風潮を私は批判してきたが、この流れを止めることは出来ない。プロ選手の評価は金銭であり、稼げるところへ行くのは当然であるからだ。一方の大リーグ30球団も、大金を用意して日本の優秀な選手を求めてもいる。こういう時代に、大リーグを志向するのはごく自然なことと言ってよい。

貧しい家庭に育った私は、生活と全人生を懸けてプロ野球に食らいついてきた。「野球でメシを食う」という強烈な思いは強く、「プロは稼いでなんぼ」という価値観は誰より承知している。

「お前、大リーグに行きたくないのか」

と問われれば、

「行きたい」

と答える。

私の現役時代はいまと違って大リーグの門戸が開いてなかっただけで、そうでなければチャレンジしたはずだ。

それでもなお、私が大リーグになびく風潮を批判したのは、日本野球界の将来を憂えてのことだった。このままでは日本のプロ野球はファンからそっぽを向かれるという危機感が、私の声を大きくさせた。

だが、大リーグ志向は止まらない。となれば、日本野球界が取るべき方策は、大リーグ志向に〝待った〟をかけるのではなく、大リーグを越える野球を見せ、日本のみならず海外のファンをも惹きつけることだ。

そのための方策はいくらでもある。参考までにいくつか例を挙げれば、まずポスティングシステムという〝人身売買〟の仕組みを変え、選手同士の交換トレードとする。そうすればメジャーの優秀選手も日本に来て素晴らしいプレーを見せられる。

ルールの具体例で言えば、投手が絶対不利の〝打高投低〟を改める。ラッキーゾーンを廃止し、ホームベースの横幅を球1個分広げる。そうすればスリリングな投打の対決が楽しめる。さらにもう一つ。マウンドを少し高くする。アメリカはすでにやることが決まっている。いいところは躊躇なく見習うべきだ。

私は単にゲーム的な面白さのことだけを言っているのではない。投手と打者は対等であるべきなのに、いまのプロ野球界は打者に有利に出来ている。日本人の美徳は正義・平等であって、「不平等」であることは日本人のメンタリティーに合わない。野球の真の面白さを知ってもらうには、精神面の根本から直していくべきだと考えるのだ。

本書を執筆した動機は、先人から私たちが引き継いできた日本プロ野球を、次世代にバトンタッチする責務があると考えるからだ。イチローを語ることは、日本プロ野球界の未来のあり方を語ることなのだ。

プロ野球界への提言はいずれ機会を改めるが、賛否両論が起こることをぜひとも期待する。本文でイチローの「12球団コーチ」のことを書いたが、私は本気でそう思っている。イチローが日本に帰ってきて、日本プロ野球界のために尽力してくれることを切に期待する。私の安打記録を越えたように、私の意志を乗り越え、さらに発展させてくれるものと信じている。

最後になったが、引退後の4月5日、政府が受賞を検討していた国民栄誉賞をイチローが辞退した、というニュースが飛び込んできた。辞退は2001年と、04年に続き、今回で3回目である。辞退の理由についてイチローは、「人生の幕を下ろした時にいただけるよう励みます」と回答したという。

ああ、なんとイチローらしい断り方であろう。

さらに変化を求め、はるか遠くを見据えて生きようとするイチローらしい言葉に「大あっぱれ」を贈る！

張本勲

永久保存 特別編集

イチロー引退会見

2019・3・21

深夜の83分

ノーカット完全収録

アスレチックとの開幕第2戦（東京ドーム）終了後、マリナーズのイチローは、引退会見を行った。午後11時50分イチローが登壇した。

後悔などあろうはずがありません

司会　イチロー選手から皆様へご挨拶がございます。

こんなにいるの？　びっくりするわ。そうですか。いやぁ、この遅い時間にお集まりいただいてありがとうございます。えー……、今日のゲームを最後に、日本で9年、アメリカで19年めに突入したところだったんですけれども、現役生活に終止符を打ち、引退することとなりました。最後にこのユニフォームを着て、この日を迎えられたこと、大変幸せに感じています。この28年を振り返るには、まあ、あまりにも長い時間だったので……。ここで一つ一つ振り返ることが難しいということもあって、ここでは、これまで応援していただいた方々への感謝への思い、そして球団関係者、チームメートに感謝を申し上げて。みなさまからの質問があれば、出来る限りお答えしたいというふうに思っています。

司会　ありがとうございます。これより質疑応答に移らせていただきます。質問がおありの方は挙手にてお願いいたします。こちらから指名をさせていただき、マイクをお持ちします。社名、お名前を名乗ってから質問をしていただきますよう、お願いいたします。また、時間に限りがございますので、一回につき、一答とさせていただきます。では、質問のある方、お願いいたします。

——まず、現役としての選手生活に終止を打つことを決めたタイミング、そしてその理由をお聞かせください。

タイミングはですね、キャンプ終盤ですね。日本に戻ってくる何日前ですかね……。何日前とははっきりとお伝え出来ないんですけども、終盤に入った時です。もともと日本でプレーする、今回の東京ドームでプレーするところまでが、まあ契約上の予定でもあったということもあったんですけれども、まあ、キャンプ終盤でも結果が出せずにそれを覆すことが出来なかった、ということですね。

——いまその決断に何か、後悔であったりとか、思い残したようなところというのはないでしょうか。

いやぁ、今日の球場での出来事……、あんなものを見せられたら、後悔などもあろうはずがありません。まあ、もちろん、もっと出来たことはあると思いますけど、結果を残すために、自分なりに重ねてきたこと、人よりも頑張ったということは、とても言えないですけれども、そんなことはまったくないですけれども。自分なりに頑張ってきた、ということは、まあ、はっきり言えるので、これを重ねてきて……、まあ、重ねることでしか、後悔を生まない、ということは出来ないのではないかなというふうに思います。

――本当にいままで数多くの感動、そして夢、ありがとうございます。いま、テレビを通じて数多くの子どもたちが、見ていると思います。これから野球を始める子もいると思います。そんな子どもたちへぜひメッセージをお願いします。

シンプルだなぁ。メッセージかぁ……。苦手なのだな僕が。うーん……、まあ、野球だけでなくてもいいんですよね、始めるものは。自分が熱中出来るもの、夢中になれるものを見つけられれば、それに向かって、エネルギーを注げるので、そういうものを早く見つけてほしいなと思います。それが見つかれば、まあ、自分の前に立ちはだかる壁も、壁にまあ、向かっていける、向かうことが出来ると思うんですね。それが見つけられないと、壁がでてくると諦めてしまう、ということがあると思うので。いろんなことにトライして、自分に向くか向かないかというよりも、自分が好きなものを見つけてほしいなというふうに思います。

――イチロー選手が熱中されてきた、いまで28年、あまりにも長かったとおっしゃってましたけど、１９９２年に一軍デビューされて、これまで、いま、これをうかがうのは酷かもわかりませんけど、いまふっと思い返して、このシーンが一番印象に残っているというもの、ぜひ教えていただければ、お願いします。

うーん……。今日を除いてですよね。

――はい。

うん、まあこのあと、時間が経ったら、今日が一番、真っ先に浮かぶ。今日のことが浮かぶことは間違いないと思います。ただ、それを除くとすれば、うーん……。まあ、いろいろな記録に立ち向かってきたんですけど、そういうものは、なんか大したことではないというか、自分にとって、まあそれを目指してやってきたんですけど……。いずれそれは、僕ら後輩が先輩たちの記録を抜いていくというのは、しなくてはいけないことでもあるとは思うんですけど。まあ、そのことにそれほど大きな意味はないというか、そんなふうに今日の瞬間なんかをこう、体験すると、すごく小さく見えてしまうんですよね。その点で、まあ例えば、わかりやすい10

年200本を続けてきたこととか、MVPをとったとかオールスターでどうたらとかっていうことは、本当、小さなことに過ぎないというふうに思います。で、今日のこの、うーん……。あの舞台に立てたことということは、去年の5月以降、ゲームに出られない状況になって、まあ、その後もチームと一緒に練習を続けてきたわけですけど、それを最後まで成し遂げる、成し遂げられなければ、今日のこの日はなかったと思うんですよね。いままで残してきた記録は、いずれ誰かがまあ、抜いていくと思うんですけれども。去年の5月から、最後に、シーズン最後の日まで、あの日々はひょっとしたら誰にも出来ないことかもしれない、というふうな、ささやかな誇りを生んだ日々であったんですね。だからそのことが、去年の話ですから、まあ近いということもあるんですけど、まあどの記録よりも、自分の中では、ほんの少しだけ誇りを持てたことかなというふうに思います。

――先程たくさんのファンの方に支えられてというふうにイチロー選手自身、おっしゃっていましたけれども、今日も1メーターで知られるエイミーさん、ライトスタンドでイチロー選手のことを見守っていましたけれども、どんなチームでもどんな状況でも、ずっと応援してくれたファンの存在、イチロー選手にとっていかがでしょうか？

まあ、ゲーム後にあんなことが起こるとは、とても想像してなかったですけど、実際にそれが起きて、まあ19年目のシーズンをアメリカで迎えていたんですけれども、なかなかその、日本のファンの方の熱量っていうのは、普段感じることが難しいんですね。でも久しぶりにこうやって東京ドームに来て……。で、ゲームは静かに、基本的には静かに進んでいくんですけど、なんとなく、まあ印象として、日本の方っていうは表現することが苦手っていうか、そんな印象があったんですけれども、それが完全に覆りましたね。その内側に持っている熱い思いが確実にそこにあるということ。で、それを表現した時のその迫力というものは、とてもいままで想像出来なかったことです。ですから、まあこれは特別な、最も特別な瞬間になりますけど、ある時までは自分のためにプレーすることが、チームのためにもなるし、見てくれている人も喜んでくれるかなというふうに思っていたんですけど、ニューヨークに行ってぐらい。行った後ぐらいからですかね、人に喜んでもらえることが一番の喜びに変わってきたんですね。その点で、ファンの方々の存在なくしては、自分のエネルギーはまったく生まれないと言ってもいいと思います。……えっ、おかしなこと言ってます？　僕。大丈夫ですか？

――イチロー選手が貫いたもの、貫けたもの、何でしょう？

（しばらく沈黙）……まあ、野球のことを愛したことだと思います。これは変わることはなかったですね。……おかしなこと言ってます？　僕。大丈夫？

――グリフィーが肩の力を抜いたとき、肩のものを下ろしたときに、違う野球が見えて、また楽しくなるという話をされたんですけども、そういう瞬間というのはあったんでしょうか？そういう野球が変わるというか、自分の捉え方……、

プロ野球生活の中でですか？

――はい。

ないですね。これはないです。ただ、子どもの頃からプロ野球選手になることが夢で、それが叶って最初のどうですかね、まあ、最初の2年、18、19の頃は一軍に行ったり来たり。……行ったり来たりっておかしい？　行ったり？　行かなかったり？　あれぇ？　行ったり来たりって、なんか、え、いつもいるみたいな感じだね。あれ？　どうやって言ったらいいんだ？　一軍を行ったり、二軍に行ったり？　そうか、それが正しいか。そういう状態でやってる野球は結構楽しかったんですよ。94年、これは3年目ですね、まあ仰木監督と出会って、レギュラーで初めて使っていただいたわけですけども。この年まででしたね、楽しかったのは。あとはなんかねぇ、その頃から急に番付を上げられちゃって、一気に。ずっと、それは。それはしんどかったです。やっぱり力以上の評価をされるというのは、とても苦しいですよね。だから、そこからはね、もう純粋に楽しいなんてことは。もちろん、やりがいがあって、達成感を味わうこと、まあ満足感を味わうこと、たくさんありました。ただ、じゃぁ楽しいかっていうと、それとは違うんですよね。でも、まあそういう時間を過ごしてきて、将来は、また楽しい野球がやりたいなというふうに、これは皮肉なもので、プロ野球選手になりたいという夢が叶った後は、そうじゃない野球をまた夢見ている自分が、まあある時から存在したんですね。でもこれは中途半端に、プロ野球生活を過ごした人間には、おそらく待っていないもの。まあ、趣味で野球をやる。例えば草野球ですよね。草野球に対して、やっぱりプロ野球でそれなりに苦しんだ人間でないと、草野球を楽しむことは出来ないのではないかというふうに思っているので。まあ、これからはそんな野球をやってみたいなというふうな思いですね。おかしなこと言ってます？　僕。大丈夫？

――この開幕シリーズをイチロー選手、大きなギフトとおっしゃってました。今回、でも私たちのほうが大きなギフトをもらったような気持ちでいまいるんです。

そんなアナウンサーっぽいこと言わないでくださいよ。

——いやそんな（笑）。でも、イチロー選手、またこれから、どんなギフトを私たちにくださるんでしょうか？

ないですよ、そんなの。そんなの、無茶言わないでくださいよ。いやでも、本当、これ大きなギフトで、去年3月の頭にマリナーズからオファーをいただいて、……からのまあ、ここ、今日までの流れがあるんですけれども、あそこで終わってても全然おかしくないですからね。去年の春終わっていても。まったくおかしくない状況でしたから。もう、いまこの状況がもう信じられないですよ。あの時考えていたのは、まあ、自分がオフの間、アメリカでプレーするために準備をする場所というのは、まあ神戸の球場なんですけれども、そこで寒い時期に練習するので、へこむんですよね。やっぱり心折れるんですよ。でもまあそんな時もいつも仲間に支えられて、やってきたんですけど。でも最後はいままで、自分なりに訓練を重ねてきたその神戸の球場で、ひっそりと終わるのかなー？　っていうふうに、あの当時、想像していたので、もう夢みたいですよ、こんなの。これも大きなギフトです、僕にとっては。だから質問に答えてないですけど、僕からのギフトなんて無いです。

死んでもいい、という気持ちを味わった

――今日、本当に涙なく、むしろ笑顔が多いように見えたのは、この開幕シリーズが楽しかったということなんでしょうか。

えーっと、……これも純粋に楽しいということではないんですよね。やっぱり、こう……。誰かの思いを背負《しょ》うということは、それなりに重いことなので、そうやって一打席一打席立つことって、まあ簡単ではないんですね。だからすごく疲れました。で、やっぱり一本ヒット打ちたかったし、応えたいって、まあ当然ですよね、それは。僕にも、感情がないって思っている人いるみたいですけど、あるんですよ。意外とあるんですよ。だから、結果を残して最後を迎えたら一番いいなと思っていたんですけど、まあそれが叶わずで。まあ、それでもあんなふうに、球場に残ってくれて。……まあ、そうしないですけど、死んでもいいという気持ちはこういうことなんだろうなというふうに思います。死なないですけど。そういう表現をする時ってこういう時なのかなというふうに思います。

――常々、「最低50歳までは現役」とおっしゃっていたように思うんですが、日本のプロ野球にもう一度戻って来てプレーをするという選択肢はイチローさんにはなかったんでしょうか？

……無かったですね。

――どうしてでしょうか？

それはここで言えないなぁ。ただねぇ、50まで、確かに。いや、「最低50まで」って本当に思ってたし、まあでもそれは叶わずで、有言不実行の男になってしまったわけですけど、まあでも、その表現をしてこなかったら、ここまで出来なかったかもなという思いもあります。だから、言葉にすること、難しいかもしれないけど、言葉にして表現することっていうのは、目標に近づく一つの方法ではないかなというふうに思っています。

――これまで、膨大な時間を野球に費やしてこられたと思うんですけれども、これからそういう膨大な時間と、どういうふうにお付き合いされていきますか？

え？　これからの膨大な時間ということですか？　それともこれまでの膨大な時間とどう向

き合うかですか？

――これから、野球に費やしてきた時間、それが空くという前提で、どうされていくのかなという。

まあちょっといまはわからないですね。でもたぶん、明日もトレーニングはしてますよ、うん。それは変わらないでしょう。僕、じっとしていられないから、それは動き回っているでしょうね。だからなんかゆっくりしたいとか全然ないですよ。全然ないです。たぶん動き回ってます。うん。

――メジャーリーグでもご活躍されまして、日本人として、イチロー選手の存在をとても誇りに思っている方、多いと思うんですけれども、イチロー選手の生きざまで、ファンの方々に伝えられたことや、伝わっていたら嬉しいなと思うことはありますでしょうか？

うーん……。生きざまというのは僕にはよくわからないですけど、まあ、生き方、というふうに考えれば……。まあ、先ほどもお話ししましたけれど、人より頑張ることなんて、とても出来ないんですよね。あくまでも「量り」は自分の中にある。それで、自分なりにその量りを使いながら、自分の限界を見ながら、ちょっと超えていく、ということを繰り返していく。そうすると、いつの日かなんか、こんな自分になっているんだ、っていう状態になって、だから少しずつの積み重ねが、それでしか、自分を超えていけないというふうに思うんですよね。なんか、一気に……、一気になんか高みに行こうとすると、いまの自分の状態とやっぱりギャップがあり過ぎて、それは続けられないと僕は考えているので、まあ地道に進むしかない。まあ、進むというか、進むだけではないですね。後退もしながら、ある時はもう後退しかしない時期もあると思うので、でも、自分がやると決めたことをまあ、信じてやっていく。でも、それは正解とは限らないんですよね。間違ったことを続けてしまっていることもあるんですけど。でも、そうやって遠回りすることでしか、なんか本当の自分に出会えないというか、まあ、そんな気がしているので、そうやって自分なりに重ねてきたことをまあ、今日のあのゲーム後のファンの方の……。もう気持ちですよね。それを見た時に、ひょっとしたらそんなとこを見ていただいていたのかなというふうに。それは嬉しかったです。まあ、そうだとすればすごく嬉しいし、まあそうじゃなくても嬉しいです、あれは。

――すごくシンプルな質問ですけど、現役選手を終えたら、一般的には、ここの世界で監督になったり、指導者になったり、あるいは、まったく違うタレントさん？　みたいになったりすることは、よくあるんですけど……、

あんまりシンプルじゃないですね。

――そうですか（笑）。イチロー選手は、さっきからまあ動き回るって話はしてましたけど、何になるんですか？

何になるんだろうね。いや、そもそもなんかさぁ、カタカナのイチローってどうなんですかね。いや、なんか「元カタカナのイチロー」みたいになるんですかね。あれ、どうなんだろう？　どうなんだろうね、あれ。「元イチロー」って変だよね。いや、イチローだし僕って思うもんね。音はイチローだから。書く時どうなるんだろうね。どうしよっか。何になる……。うーん……。でも監督は絶対無理ですよ。これは絶対、がつきますよ、うん。人望がない。本当に。人望がないんですよ、僕。うん。（記者が何か喋る）うん？　マイク使って喋ってもらっていいですか。

――そうでもないと思いますけどね。

いやぁ無理ですね。それぐらいの判断能力は備えているので。ただ、どうでしょうね。……

まあ、プロの選手とか、プロの世界というよりも、やっぱりアマチュアとプロの壁がどうしても、日本の場合、特殊な形で存在しているので。……今日をもってどうなるんですかね、そういうルールって。どうなんだろうか。いままでややこしいじゃないですか。例えば極端に言えば、自分に子どもがいたとして、その、高校生であるとすると、教えられなかったりとかっていうルールですよね、確か。違います？　違う？　そうだよね。だからそういうのってなんか変な感じじゃないですか。だからまあ、今日をもって元イチローになるので。まあ、それは小さな子どもなのか、中学生なのか、高校生なのか、大学生なのか、それはわからないですけど、そこには興味がありますね。うん。

「クビになるんじゃないか」はいつもありました

――先程、引退を決めた時期というのがキャンプの終盤というお話があったんですけれども、そこに至る以前にも、例えば、ちょっと引退の二文字がご自身の中に浮かんで何度か悩んだ時期とかいうのはあったんでしょうか？

まあ、引退というよりは、「クビになるんじゃないか」はいつもありましたね。ニューヨーク行ってからは、毎日そんな感じです、はい。ニューヨーク、まあマイアミもそうでしたけど、ニューヨークって、みなさんご存知かどうかわからないですけど特殊な場所です。で、マイアミもまた違った意味で特殊な場所です。だからもう毎日そんなメンタリティーで過ごしていたんですね。で、そのクビになる時はもう、まさにそのときだろうというふうに思っていたので、そんなのしょっちゅうありました。はい。

――じゃあ、そういう時期がもうずっと続いているなかで、今回、その引退を決意された理由というのを、ずばりうかがいたいんですけれども。

まあ、マリナーズ以外には行く気持ちがなかったということは大きいですよね。去年、シアトルに戻していただいて本当に嬉しかったし。まあ、先程キャンプ前、オファーがある前の話をしましたけど、まあその後5月にゲームが出られなくなる、あの時も、そのタイミングでもおかしくないんですよね。でも、この春に向けて、まだ可能性があるというふうに伝えられていたので、まあそこも自分なりに頑張ってこられたということだと思うんですけれど。……質問何でしたっけ？

――今回、いままで何度かその引退という文字があったにもかかわらず続けてきたのに、今回引退を決めた理由です。

ああ、そうか。もう答えちゃったね。

――ありがとうございます。で、今日のすいません、8回でベンチに戻る際に、菊池選手が号泣されていて、

いや、号泣中の号泣でしょ、あいつ。いやもう、びっくりしましたよ。いや、それ見てこっちはちょっと笑けましたけどね。

――あの、抱擁されていたときに、どんな会話を交わされたのかを知りたいなぁと、あのシーンを見て思ったんですが。

いや、それはプライベートなんで。それは雄星がそれをお伝えするのは構わないですけど、それは僕がお伝えすることではないですね。

――秘密、ということですね。

まあ、それはそうでしょう。だって、二人の会話だから。しかも僕から声をかけているので、それをここで僕がこんなことを僕は言いましたって、もう馬鹿ですよね。絶対信頼されないもんね、そんな人間は。うん。それはダメです。

――すごくお人柄がわかるお答えでありがとうございました。

ありがとうございます。

――（海外部の記者です）宜しくお願いします。やっぱり９年間アメリカでプレーするという、今日は、日本のファンで特別な日でしたけど、やっぱりアメリカのファンの思い出や、メッセージを伝えたいんですが。

え？　疑問文ですか？

――あ、そうですね、何かメッセージはありますか？　アメリカのファン。

19年ですよ?

——19、ああ、もちろん、逆に。19年ですね。日本は9年。

いや、アメリカのファンの方々は、まあ最初は厳しかったですよ。それはもう最初の2001年のキャンプなんかは、もう日本に帰れってしょっちゅう言われましたよ。だけど、結果を残した後の敬意というのは、……。うーん、これはまあ評価するのかどうかはわからないですけど、手のひらを返すという言い方も出来てしまうので。ただ、その言葉ではなくて、行動で示したときの敬意の示し方というのは……、その迫力はあるなというような印象ですよね。だから、なかなか入れてもらえないんですけど、入れてもらった後、認めてもらった後は、すごく近くなるというような印象で、ガッチリ関係が出来上がる。シアトルのファンとは、それが出来たような、……まあそれは僕の勝手な印象ですけど。で、まあニューヨークというのは厳しいところでしたね。でも、やればそれこそどこよりも、どのエリアの人たちよりも熱い思いがある。で、マイアミというのは、ラテンの文化がこう強い印象で、その圧はそれほどないんですけれど、でも結果を残さなかったら絶対に人は来てくれないっていう。なんかそんな場所でしたね。それぞれに特色があって、面白かったし、それぞれの場所で関係を築けたような、まあ特徴はそれぞれありましたけど。なんかアメリカは広いなぁというふうな、ファンの人たちの特徴を見るだけで、アメリカはすごく広いなというような印象ですけど。まあでもやっぱり、最後にシアトルのユニフォームを着て、まあセーフコ・フィールドではなくなってしまいましたけれど、まあ姿をお見せ出来なくて、それは申し訳ない思いがあります。

――イチロー選手、お疲れ様でした。先程、ニューヨークに行ってからですとか、マイアミに行ってから、常にクビになるんじゃないかみたいなお話を意識されてるってお話がありました。イチロー選手というと、大変ユニークなTシャツがよく話題になると思うんですけれども、着ているTシャツで「もう限界」とか「もうマジ無理」とか、かなりユニークなTシャツをいろいろ書いてあるじゃないですか。あれっていうのはイチロー選手の何か心情を表してたりだとか、何かそうアピールとかあるんでしょうか。それともまったく関係なく、ただ好きで着ているのかとか。

そこは、言うと急に野暮ったくなるから、それは言わないほうがいいんだよね。それはだから見る側の解釈だから。そう捉えれば、そう捉えることも出来るし、全然関係ない可能性もあるし、それでいいんじゃないですか？

――ファンにそこはもう好きに楽しんでいただきたい？

だってそういうものでしょ。いちいちそれ説明するのって、本当野暮ったいもんね。

――言わないほうが粋だというところですかね？

まあ、粋って自分で言えないけど。まあ、言うと無粋であることは間違いないでしょうね。

妻が握ってくれた
2000個のおにぎり

――イチローさんは、よく24時間、時間を野球のために使ってきたと。ご自身でおっしゃいますけれども、まあ、そのイチローさんを支えてきたのは、やはり弓子夫人だと、思います。まあ、これだけたくさんの方がいる中でイチローさんを支え続けた弓子さんへの言葉っていうのを聞くのはちょっと野暮かなとは思いますが、敢えて今日は聞かせていただきたいんですけど。

いやぁ……、うーん……。頑張ってくれましたね。一番頑張ってくれたと思います。僕はアメリカで、結局まあ、3089本のヒットを打ったわけですけど、妻はですね、およそ、……。僕、ゲーム前、ホームの時はおにぎりを食べるんですね。まあ妻が握ってくれたおにぎりを球場に持っていって食べるわけですけど。その数がですね、2800ぐらいだったんですよ。3000行きたかったみたいですね。そこは、うーん……。3000個握らせてあげたかったなというふうに思います。まあ、妻もそうですけど、まあとにかく頑張ってくれました。これは、まあ僕はゆっくりする気ないですけど、妻にはゆっくりしてもらいたいというふうに思ってます。それと一弓《いっきゅう》ですね。まあ、一弓というのは、まあご存知ない方もいらっしゃると思いますけど、わが家の愛犬ですね。柴犬《しばいぬ》なんですけれども。現在17歳と何カ月だ？　7カ月。今年で18歳になろうかという柴犬なんですけれども。まあさすがにですね、おじいちゃんになってきて、毎日フラフラなんですけど、懸命に生きているんですよね。その姿を見てたら、それは俺、頑張らなきゃなって。これはもうジョークとかではなくて、本当に思いました。あの懸命に生きる姿、うーん……。まあ2001年に生まれて、2002年にシアトルの我が家に来たんですけど、まさか最後まで一緒に、僕が現役を終える時まで一緒に過ごせるとは思っていなかったので、まあこれは大変感慨深いですね。一弓の姿というのは。まあもう本当、妻と一弓にはもう……、もう感謝の思いしかないですね。

――3月の終盤に引退を決められたということですが、素人が技術のことを質問するのは大変

恐縮なんですが、打席内での感覚の変化っていうのは、今年は何かあったんでしょうか？

いる？　それ、ここで。

――ぜひとも、ちょっと。

いる？

――はい。

裏で話そう、後で、裏で（笑）。

――これまでイチロー選手が、数多くの決断と戦ってきたと思います。例えば00年オフのポスティングでの移籍ですとか、06年のWBC参加、07年オフのマリナーズとの契約延長、そして例えば今回、あ、12年のニューヨークのトレード移籍もそうかもしれないんですけど、その中で、いままで一番考え抜いて決断したものっていうのは何だったのでしょうか？

うーん……。これは順番をつけられないですね。それぞれが一番だと思います、うん。ただ、アメリカでプレーするために、当時、まあいまとは違う形のポスティングシステムだったんですけど、自分の思いだけでは当然それは叶わないので、当然、球団からの了承がないといけなかった。いけないいんですね。じゃあその時に誰をこちら側、……こちら側って言うと何か敵味方みたいでおかしいんですけど、球団にいる誰かを口説かないといけないっていうか。まあ説得しないといけないというか。その時に一番に浮かんだのが仰木監督ですね。で、その何年か前から、アメリカでプレーしたいという思いは伝えていたこともあったんですけれど、なんか仰木監督だったら、おいしいご飯でお酒を飲ませたら、飲ませたらってこれは敢えて言ってますけど、これはうまくいくんじゃないかなと思ったら、まんまとうまくいって、これは……。これがなかったら、もう何も始まらなかったので、その口説く相手に仰木監督を選んだのは大きかったなというふうに思いますね。で、またダメだダメだっておっしゃっていたものが、お酒でこんなに変わってくれるんだと思って、まあお酒の力をまざまざと見ましたし、でもやっぱり洒落た人だったなぁというふうに思いますね、うん。だから仰木監督から学んだもの……、うん、計りしれないと思います。

――ちなみに、会見を開いた日が、第一回ＷＢＣで日本が優勝した日だったんですけども、それは何か…、

ん？　会見っていうのはどの会見ですか？

――今回の会見を決断したというか、発表があった、昨日の試合ですね。昨日の試合が第一回WBCで日本が優勝した日と同じだったんですけども、それは、何か運命的なものがあったりするのかなって勝手に思っちゃったんですけど。

まあ、聞かされればそう思うことも出来るという程度ですかね。僕はそのことは知らなかったですけど。

――イチロー選手が現役時代、一番我慢したもの、我慢したこと、何だったんでしょうか？

……うーん……、難しい質問だなぁ……。僕、我慢出来ない人なんですよ。我慢が苦手で、楽なこと、楽なことを重ねているっていう感じなんですね。自分が出来ること、まあ、やりたいことを重ねているので、我慢の感覚がないんですけど。だからもう、とにかく体を動かしたくてしょうがないので、体をこんなに動かしちゃダメだっていって体を動かすことを我慢するっていうことはたくさんありました。それ以外はなるべくストレスがないような、まあ自分にとってですね。ストレスがないようにというふうに考えて行動してきたつもりなので。まあ、家では妻が料理をいろいろ考えて作ってくれますけど、これ、ロードに出ると何でもいいわけですよね。それはもうむちゃくちゃですよ、ロードの食生活なんて。だからもう我慢出来ないから、結局そういうことになってしまうんですけど、でもそんな感じなんです。だからいま聞かれたような趣旨の我慢は、思い当たらないですね。……おかしなこと言ってます？ 僕。

――（台湾の記者です）台湾ではイチローさんのファンがいっぱいいまして、何か台湾の皆様に伝えたいことがありませんか？ 例えば、台湾へ行きたい、指導しに行きたいとかそういうことはありませんか？

チェンが元気か知りたいですね。チェン、チームメートでしたから。チェンは元気にやってますかね。そうですか、ああもうそれは聞けて何よりです、はい。

――台湾にいらっしゃることがありますか？

いまのところ予定はないですけれども、でも以前に行ったことがあるんですよ。一度、行ってすごく優しい印象でしたね。心が優しくて、なんかいいなぁと思いました、はい。

——今年、菊池雄星投手が同じマリナーズに入って、去年はエンゼルスに大谷翔平選手が入りました。いま、イチロー選手が後輩たちに託したいものとか、託すものってありますか?

まあ、雄星のデビューの日に、僕は、まあこの日を迎えた、引退を迎えたというのは、なんかいいなぁというふうに思っていて、もうちゃんとやれよっていう思いですね。あの、うーん……。まあ、短い時間でしたけれど、すごくいい子で、やっぱりね、いろんな選手を見てきたんですけど、左ピッチャーの先発って、変わってる子が多いっすよ、本当に。天才肌が多いという言い方も出来るんですかね。まあ、アメリカでも、まあ。まあ、多いです。だから、いや、こんなにいい子いるのかな? っていう感じですよ、ここまで。今日まで。でも、キャンプ地から、日本にまあ、飛行機で移動してくるわけですけど、まあ、チームはドレスコードですね。服装のルールが黒のセットアップ、ジャージのセットアップでOK。まあ、長旅なので、出来るだけ楽にという配慮ですけど、「じゃあ雄星、俺たちどうする?」って、そのアリゾナを発つときはいいんだけれども、日本に着いたときに、「いや、さすがにジャージはダメだろ」って、二人で話ししてたんですね。「いや、そうですよね。イチローさんどうするんですか?」「いや、僕はまあ、中はTシャツだけど、まあセットアップで、まあ一応ジャケットを着ているようにしようかな」って。「じゃあ、僕もそうします」って雄星が言うんですよ。で、キャンプ地を発つ時のバスの中で、まあ、みんなやっぱり、僕もそうでしたけど、黒のジャージのセットアップで、まあみんなバスに乗り込んできて、で、雄星と近かったので、席が。「いや、雄星、これやっぱ、ダメだよな。日本に着いたときに、これはメジャーリーグ、メジャーリーガー、これダメだろ」って。バスの中でも言ってたんですよ。「いや、そうですよね」って。言ったら、まさかのあいつ、羽田に着いた時に、黒のジャージでしたからね。いや、こいつ大物だなと思って。いや、ぶったまげました。それは、本人にまだ聞いてないんですけど、その真相は。何があったのかわからないですけど、やっぱり左ピッチャーは変わった奴が多いなと思ったんですね。でもスケール感は出てました、うん。頑張ってほしいです。まあ、翔平はもう、ちゃんとケガ治して、あのスケールの、もう、物理的にも大きいわけですし。アメリカの選手にまったくサイズ的にも劣らない。で、あのサイズで、あの機敏な動きが出来るっていうのは、いないですからね、それだけで。いやもう、世界一の選手にならなきゃいけないですよ。

アメリカの野球に追従する必要はまったくない

――野球への愛を貫いてきたというお話でしたけれども、その野球の魅力、イチロー選手が感

じている野球の魅力というのはどんなところでしょうか？　それと、イチロー選手が引退して、非常に悲しんでいるファンの方々がこれから今年以降ですね、イチロー選手が出ない野球を楽しむうえで、メジャーリーグとかプロ野球、どんなところを楽しんだらいいか、イチロー選手からお願いします。

ん？　最初何でしたっけ。

――愛を貫いてきたその野球の魅力です。

ああ、野球の魅力ね。うーん……。まあ、団体競技なんですけど、個人競技だっていうところですかね。これが野球の面白いところだと思います。チームが勝てば、それでいいかっていうと、全然そんなことないんですよね。個人としても、結果を残さないと……。まあ、生きていくことは出来ないんですよね。本来はチームとして勝っていれば、チームとしてのクオリティーは高いはずなので、それでいいんじゃないかという考え方も出来ると思うんですけど、まあ決してそうではない。その厳しさが、面白いとこかなというふうに。面白いというかまあ、魅力であることは間違いないですね。あとはやっぱり同じ瞬間がないということ。必ず……、必ずどの瞬間も違うということ。これは飽きが来ないですよね。二つ目は、どうやって楽しんだらいいかですか。うーん……。2001年に僕がアメリカに来てから、この2019年現在の野球はもうまったく違う野球になりました。まあ、頭を使わなくても出来てしまう野球になりつつある、ような。うーん……。まあそれは選手がみんな、選手も現場にいる人たちはみんな感じていることだと思うんですけど。まあ、これがどうやって変化していくのか。次の5年、10年、まあしばらくはこの流れは止まらないと思うんですけど。まあ本来は野球というのは……うーん……、いや、ダメだな、これを言うと何か問題になりそうだな。問題になりそうだな……。頭を使わなきゃ出来ない競技なんですよ、本来は。でもそうじゃなくなってきているのが、どうも気持ち悪くて。で、ベースボール、まあ野球の発祥はアメリカですから、その野球がそうなってきているということに危機感を持っている人って結構いると思うんですよね。だから、日本の野球が、アメリカの野球に追従する必要なんてまったくなくて、やっぱり日本の野球は、頭を使う面白い野球であってほしいなというふうに思います。アメリカのこの流れは止まらないので。せめてやっぱり日本の野球は、決して変わってはいけないこと、大切にしなくてはいけないものを大切にしてほしいなというふうに思います。

――3089本のヒットを打たれたメジャーリーグの試合、今日まで、2653試合、プレーされてらっしゃいました。偶然だと思うんですけれども、一番最初のゲーム、セーフコでのオークランド・アスレチック戦でした。今日も、アスレチック戦でした。最初、バートロ・コロ

ーンと対戦したときに、３打席打ち取られて、４打席目にセンター前に鮮やかな一本目のヒットが抜けていったこと、

ん？　誰って言いました？　コローン？　コローンはインディアンスです。その当時は。ハドソンです。

――ハドソンですね。ティム・ハドソンでしたね。失礼いたしました。ティムのボールを、ティム・ハドソンから打ち取られて、４打席目最初のヒットがセンター前に抜けました。今日、最後の試合、結果的になりましたけれども、最初の３度の後バッターが凡退で、４度目のネクストサークルのときに、ひょっとしたら、オープニングゲームのことが頭によぎったんじゃないかな、なんてことを見てる私は勝手に想像したんですけど、何か１年目のゲームとか、オープニングゲームのこととか思い出したことがあったでしょうか？

長い質問に対して大変失礼なんですけど、ないですね。

――子どもの頃から夢である、プロ野球選手になる、というその夢を叶えて、これだけ成功なさって、イチローさんはいま、何を得たと思っていらっしゃいますか？

まあ、成功かどうかってはよくわからないですよね。じゃあどっからが成功でそうじゃないのかっていうのは、まったく僕にはそれは判断出来ない。まあ、成功という言葉は、まあだから僕は嫌いなんですけど、うーん……。まあ、メジャーリーグに挑戦する、まあ、どの世界でもそうですね、新しい世界に挑戦するということは、大変な勇気だと思うんですけれど、でも、成功、まあ、ここは敢えて成功と表現しますけれど、成功すると思うからやってみたい、それが出来ないと思うから行かない、という判断基準では、まあ後悔を生むだろうなというふうに思います。やりたいならやってみればいい。出来ると思うから行く、挑戦するのではなくて、やりたいと思えば挑戦すればいい。その時に、まあどんな結果が出ようとも、後悔はないと思うんですよね。じゃあ、自分なりの成功を背負《しょ》ったところで、じゃあ達成感があるのかって言ったらそれも疑問が僕には疑問なので、基本的にはやりたいと思ったことに向かっていきたいですよね。……で、何を？

――得たかということですよね。何を得たか。いままで。

うーん……。まあ、こんなものかなぁという感覚ですかね。いや、それは200本もっと打ちたかったし、出来ると思ったし。1年目にチームが116勝して、その次の2年間も93勝して、いや、勝つのってそんなに難しいことじゃないなって、その3年は思ってたんですけど、大変なことです、勝利するのは。この感覚を得たことは大きいかもしれないですね。

——まあ、メジャーでの年数も長かったんですけど、それ以前としてはまあ、毎年自主トレでも神戸に行かれてますし、何かユニフォームを脱がれることで、神戸に何か恩返ししたいなとか、そういうお気持ちっていうのはいかがでしょうか？　教えてください。

まあ、神戸は特別な町です、僕にとって。恩返しか……、恩返しって何をすることなんですかね。まあ、僕は選手として続けることでしか何かそれは出来ないんじゃないかなというふうに考えていたこともあって、出来るだけ長くそれは現役を続けたい、と思っていたこともあるんですね。神戸に恩返し……、うーん……。税金を少しでも払えるように頑張ります。はい。

——日米で活躍される選手は、いままでも、まず甲子園に出て、活躍をしてプロ野球に入って活躍をして、そしてメジャーに挑戦という流れがあると思うんですけれども、ご自身の経験を振り返って、もっとこんな制度であればメジャーに挑戦しやすかった、もしくは日本のプロ野球に残ってもっとやりたかったっていう、もしもの話なんですけれども、育成制度とかも合せてこういうことがあればいいなという提言をいただきたいんですけれども。

まあ、制度に関して僕、詳しくないんですけれども、でも日本でその基礎を作る、自分が将来、ＭＬＢでプレーする、……聞いてらっしゃいます？　ＭＬＢで将来、活躍するための礎を作るというふうな考え方であれば、その、まあ出来るだけ早くというのはまあ、わかりますけど、でもまあ、日本の野球で鍛えられることってたくさんあるんですよね。だからまあ、制度だけに目を向けるというのは、まあフェアじゃないかなというふうに思いますけどね。

――特に日本の野球で鍛えられたことっていうのはご本人の中ではどんなものでしたか？

いや、それは基本的なその基礎の動きって、おそらくメジャーリーグの選手よりどうですかね、日本だったら中学生レベルの方がうまい可能性だってありますよ、うん。それは、こう、チームとしての連係もあるじゃないですか。そんなの言わなくたって出来ますからね、日本の野球では。でもこちらでは、なかなかそこは、個人としてのポテンシャルは高いですけど、運動能力は高いですけど、まあ、そこにはかなり苦しみましたよ。まあ、苦しんで諦めましたよ。

――個人的にエンゼルスの大谷翔平選手との対戦をすごい楽しみにしてたんですが、それが叶わなくなったということで、イチローさん本人としてはやはりいまも大谷投手と対戦したかっ

たっていう思いはありますでしょうか？　あと、大谷選手の今後にメジャーリーガーとしての今後に期待することあれば、一言うかがいたいんですが。

まあ、先程もお伝えしましたけど、世界一の選手にならなきゃいけない選手ですよ。そう考えています。翔平との対戦、まあ残念ですけど、まあ出来れば僕はピッチャーで、翔平バッターがやりたかったんですよ。そこは誤解なきようにお願いします。

外国人になったことで人の心を慮ったり、人の痛みを想像出来た

――今後、大谷選手、どんなメジャーリーガーになっていくと思いますか？

なっていくかどうか？　そこは占い師に聞いてもらわないとわからないけどね。まあ、でも、投げることも打つこともやるのであれば、僕は1シーズンごとに、1シーズンピッチャー、次のシーズンは打者として、それでサイ・ヤングと、まあホームラン王とったら……。いやそんなことだって考えることすら出来ないですよ。でも翔平はそれを、その想像をさせるじゃない

ですか、人に。この時点でもう、まあ明らかにその、人とは違う。明らかに違う選手であると思うんですけど、その二刀流は面白いなと思うんですよね。……何か納得いってない感じの表情ですけど。僕はピッチャーとして20勝するシーズンがあって、その翌年には50本打ってMVP取ったら、これ化け物ですよね。でも、それは想像出来なくないですからね、うん。そんなふうに思ってます。

――あるアスリートの方にうかがったのですが、その方が、「自分が現役選手でなくなったことを想像すると嫌だと」イチローさんにおっしゃって、イチローさんが「自分も同じだ」と、「自分も野球選手じゃなくなった自分が想像出来ない、嫌だ」とおっしゃったとうかがいました。

いや、僕「嫌だ」って言わないと思うけどね。僕、「野球選手じゃない僕を想像するの、嫌だ」ってたぶん言ってないと思います、うん。

――改め、じゃあその野球選手じゃない自分というのをいま想像していかがですか？

いやだから、違う野球選手にたぶんなってますよ、うん。……あれ？　この話さっきしましたよね？　もうお腹減ってきて集中力が切れてきちゃって、さっき何話したのかもちょっと記憶に……、あれ？　あの草野球の話しましたよね？　しましたね。

――はい。

だからそっちでいずれ、まあそれはきっと楽しくてやっていると思うんですけど、そうするときっと草野球をやめたいと思うんでしょうね。だから真剣に草野球をやるっていう、野球選手になるんじゃないですか、結局。……聞いてます？

司会　お時間も迫ってまいりましたので、

おなか減ってきた、もう～～（笑）。

司会　あとお二人くらいで……、

結構やってないですか？　これ。えっ、ちょっといま時間どれぐらい？

司会　1時15分です。

1時間？　20分？　あっら〜……。いや、もう今日はとことん、お付き合いしようかなと思ったんすけどね。おなか減ってきちゃった。（一同笑）

司会　それではあとお二人とさせていただきます。

――プロ野球人生振り返って、一番、一番じゃないですか、誇れること、普段あまりそういうことを語るのは好きではないと思うんですけども、敢えてこの場でお聞きしたいんですが、誇れること、何ですか？

これ、先程お話ししましたね。ちょっと集中力切れてるんじゃないの？（一同笑）完全にその話、したよね。

――すいません。

ほらそれで一問減ってしまうんだから。

――ああ、ごめんなさい。

――イチロー選手の小学生時代の卒業文集が有名だと思います。「僕の夢は一流のプロ野球選手になることです」という言葉から始まると思います。それを書いた当時の自分に、いま、今日この日を迎えたイチロー選手は、どんな言葉をかけたいですか？

いや、「お前、契約金1億ももらえないよ」って（一同笑）。……ですね。いや、夢大きくとは言いますけどね、なかなか難しいですよ。「ドラ1の1億」って掲げてましたけど、その全然遠く及ばなかったですから。いやぁ、ある意味では挫折ですよね、それは。……こんな終わりでいいのかな？（一同笑）何かキュッとしたいよねぇ、最後は。

――昨年、マリナーズに戻りましたけれども、その前のマリナーズ時代、何度か「自分は孤独を感じながらプレーをしている」ということをおっしゃってましたけれども、ヤンキースに移られ、それからマーリンズに移られ、プレーする役割っていうものが変わってきました。それから去年、ああいう状態になって、今年、引退ということになりますけれども、その孤独感というのは、ずーっと感じながらプレーしてたんでしょうか。それとも、前の孤独感とは違った

ものがあった、そのへんはどうなんでしょうか？

もう、現在それはまったくないです。今日の段階で。それはまったくないです。まあ、それとは少し違うかもしれないんですけど、アメリカに来て、メジャーリーグに来て、……。外国人になったこと。アメリカでは、僕は外国人ですから。このことは、うーん……。外国人になったことで、人の心を慮《おもんぱか》ったり、人の痛みを想像したり。いままでなかった自分が現れたんですよね。この体験っていうのは、まあ、本を読んだり、情報を取ることは出来たとしても、体験しないと、自分の中からは、生まれないので、孤独を感じてまあ、苦しんだことは多々ありました。ありましたけど、その体験は未来の自分にとって、大きな支えになるんだろうといまは思います。だから、つらいこと、しんどいことから、まあ逃げたいと思うのはまあ、当然のことなんですけど、でもエネルギーのある元気な時に、それに立ち向かっていく。そのことはすごく人として重要なことなんではないかなというふうに感じています。……締まったね、最後。いやぁ、……ね、長い時間ありがとうございました。眠いでしょ、みなさんも。ねぇ……、いやぁ……。じゃあそろそろ帰りますか。ね？

司会　以上を持ちまして、イチロー選手の記者会見を終了させていただきます。イチロー選手をどうぞ拍手でお送りください。

ありがとうございました。みなさん、お疲れ様でした。ありがとうございます。

（午前1時23分終了。大きな拍手の中、深々と一礼して退席）

午前1時23分、
日本で9年
米国で19年
イチローの
長い現役生活が
終わった。
それでも「51」の
物語は続く――。

張本勲

はりもと・いさお

１９４０年、広島県生まれ。松本商業高（現・瀬戸内高）から浪商高（現・大体大浪商高）を経て、東映フライヤーズに入団する。プロ入り1年目の59年に新人王を獲得。３年目の61年に初の首位打者となる。62年には、打率・３３３、31本塁打でパ・リーグのＭＶＰに輝き、チームを日本一に導く。その後、日拓（73年）、日本ハム（74、75年）、巨人（76〜79年）を経て、ロッテ（80、81年）で現役を退いた。主な記録として、通算安打３０８５本の日本記録をはじめ、７回の首位打者を獲得、３割以上を16回マークするなどの数々の大記録を残し、90年に野球殿堂入り。現在は野球評論家としてテレビ、新聞で活躍。辛口の批評で好評を博している。

本書は２００９年10月小社より刊行された「イチロー論」を改題し、新書版として大幅に改訂、加筆して再編集したものです。

編集協力――拓人社
進行――久保木侑里

新イチロー論　いまを超えていく力

二〇一九年五月一日　第一刷発行

著者――――――張本勲
編集人・発行人――阿蘇品蔵
発行所――――株式会社青志社
〒一〇七-〇〇五二　東京都港区赤坂六-二-十四　レオ赤坂ビル四階
（編集・営業）
TEL：〇三-五五七四-八五一一　FAX：〇三-五五七四-八五一二
http://www.seishisha.co.jp/

印刷　製本――株式会社新藤慶昌堂

ISBN 978-4-86590-082-8 C0095